Guanli Xinxi Xitong Shiyan

高等学校经济管理类专业
实验教学系列教材

滕佳东 主编

管理信息系统实验

（第三版）

东北财经大学出版社
Dongbei University of Finance & Economics Press

大连

图书在版编目（CIP）数据

管理信息系统实验／滕佳东主编 . —3 版 . —大连 ： 东北财经
大学出版社，2016.8（2018.7 重印）
（高等学校经济管理类专业实验教学系列教材）
ISBN 978－7－5654－2443－4

Ⅰ. 管… Ⅱ. 滕… Ⅲ. 管理信息系统–实验–高等学校–教材
Ⅳ. C931.6-33

中国版本图书馆 CIP 数据核字 （2016） 第 190273 号

东北财经大学出版社出版
（大连市黑石礁尖山街 217 号 邮政编码 116025）
网 址：http：//www.dufep.cn
读者信箱：dufep @ dufe.edu.cn

大连雪莲彩印有限公司印刷 东北财经大学出版社发行

幅面尺寸：170mm×240mm 字数：197 千字 印张：10.5
2016 年 8 月第 3 版 2018 年 7 月第 5 次印刷

责任编辑：李 彬 孙 平 责任校对：王 瑜
封面设计：冀贵收 版式设计：钟福建

定价：30.00 元

总　序

　　高等学校的教学原本就包括理论教学与实践教学两个部分。理论教学的任务主要是传授知识，教学的方法主要是教师讲授和在一定范围内的课堂讨论。实践教学的任务主要是培养能力，教学的方法主要是在教师的指导下由学生进行各种验证性、设计性实验和各种课程、专业及综合性的社会实践。高等教育由精英教育演进为大众教育后，在人才培养方面，为实现传授知识、培养能力和提高素质的统一，在注重理论教学的同时，开始赋予实践教学新的使命，并把实践教学推向了一个新的发展阶段。只有实践教学，才能验证知识，消化并巩固知识；只有实践教学，才能培养动手能力，形成专业素养；只有实践教学，才能启发创新思维，增强创新意识，提升创新能力。因此，在中国现阶段，无论是以培养应用型人才为主的教学型大学，还是以培养研究型人才为主的研究型大学，都把实践教学作为教学的重要组成部分。

　　从完整意义上说，实践教学包括实验教学和在教师指导下的社会实践两个部分。实验教学是以实验室为基地、在封闭或半封闭的条件下进行的实践教学，社会实践是在实习基地、在开放或有条件开放的条件下进行的实践教学。在人才培养方面，二者同等重要，不可或缺。然而，经济体制改革前，在"文科以社会为工厂"的指示指引下，理工科专业的实践教学主要采取了实验教学的模式，较少进行社会实践；文科专业的实践教学主要采取了社会实践的模式，较少进行实验教学。经济体制改革后，企、事业单位的经济地位和利益独立性发生了根本性的变化，政府的职能也发生了重要的转变，文科专业的社会实践遇到了"走出去"的困难。为了不降低人才培养质量，一些学校开始尝试性地建立实验室，组织实验教学，初步形成了实验教学与社会实践并行的实践教学体系。20世纪90年代末后，随着招生规模的日益扩大，"走出去"实践的困难越来越大。为保证和提高人才培养质量，众多学校开始集中精力建设实验室，系统组织实验教学，基本形成了实验教学为主、社会实践为辅的实践教学体系。

　　经验表明，开展实验教学，至少需要具备两个方面的条件：一是实验室的建设；二是实验教学体系的确立。二者紧密联系，相互制约，相辅相成。实验教学体系的确立，必须以实验室的建设为前提。没有实验室的建设，实验教学体系的确立就会成为空中楼阁、流为空谈。同时，实验室的建设也必须服从实验教学体系建设的要求。离开了实验教学体系的要求，实验室的建设就会迷失方向，丧失标准。

抛开实验室建设，仅就实验教学体系建设而言，它大体上应包括实验课程的确定和实验教学资源的开发与建设两个方面。一所高等学校，究竟确定哪些实验课程，开发和建设哪些实验教学资源，是由专业属性、人才培养的目标与规格及理论教学的体系与内容决定的。也就是说，实验教学体系的建设，必须同专业属性、人才培养的目标与规格及理论教学的体系与内容相符合。离开了专业属性、人才培养的目标与规格及理论教学的体系与内容，所建立的实验教学体系就没有灵魂，没有特色。

我校是以经济管理学科为主、培养高素质应用型人才的多学科性大学。从经济管理类专业的学科属性出发，按照培养高素质应用型人才的要求，参照理论教学的体系与内容，我们确立了"三层两级"的实验教学体系。这种实验教学体系，从课程设置来看，包括课程实验、专业实验、多专业协同实验三个层次，从实验内容来看，包括验证性实验和设计性实验两个级别。其中，课程实验在课程内进行，专业实验分专业单独设置，多专业协同实验由学校统一组织，验证性实验以验证知识、培养动手能力为主，设计性实验以启发创新思维、增强创新意识、提高创新能力为主。

为组织实施这种"三层两级"的实验教学，我们组织编写了这套"高等学校经济管理类专业实验教学系列教材"，具体包括《计算机应用基础实验》《数据库基础实验》《会计循环网络实验》《统计学实验》《证券、期货、外汇模拟实验》《计量经济学实验》《管理信息系统实验》等，共约30本。

为保证教材质量，我们专门成立了高等学校经济管理类专业实验教学系列教材编审委员会，建立了规范的编、审制度。但由于缺少范式、经验不足、时间有限，教材中仍难免存在这样或那样的缺点或错误，诚恳地希望读者们指正。

马国强

第三版前言

同第二版相比，本书第三版主要修订的内容如下：

（1）"基础工具篇"中删掉 Visual FoxPro6.0，增加了 Microsoft Access 简介，重点介绍了 Access 2010。

（2）"基础实验篇"中的 Visual FoxPro6.0 实验改为 Access 2010 实验，由原来的 4 个实验增加到 5 个实验。

本书是"省级精品课程"的配套实验教材，参与精品课程建设的主讲教师刘伟、谢兰云、李红、薛剑虹、隋莉萍、丁学君、尹征杰为本书的再版提出了修改意见。同时，研究生李雪艳、付倩倩参与了资料收集和调研工作。

在写作过程中，我们引用、参考了其他书籍和网络资料，在此谨向所有引用文献的作者、向给予我们指导和帮助的专家学者表示诚挚的谢意！

由于编者水平和时间有限，书中难免存在缺陷和疏漏，恳请专家和读者批评指正。

编　者
2016 年 8 月

第二版前言

同第一版相比，本书第二版主要改动的内容有：

（1）修改了体验式实验篇，可操作性更强。

（2）信息系统建设篇增加了实验九"社会实践调研"，重新修改了信息系统分析、设计实验用例。

此次由滕佳东教授设计全书的修改方案，其中体验式实验篇由刘伟副教授编写修改，其他章节由滕佳东编写修改。本实验教材是"省级精品课程"的配套实验教材，参与精品课程建设的主讲教师李红、薛剑虹、隋莉萍、谢兰云、杨莉、丁学君为本书的再版提出了修改意见。研究生赵彤、杨路路参与了资料收集和调研工作。

在写作过程中，我们引用、参考了其他书籍和网络资料，在此谨向所有引用的文献著者以及给予我们指导和帮助的专家、学者表示诚挚的谢意。

由于编者水平有限，书中难免存在缺陷和疏漏，恳请专家、读者批评指正。

编　者

2013 年元月

第一版前言

　　管理信息系统课程教学的目标是使学生充分理解管理信息系统、信息技术在信息化社会的重要战略性作用，理解信息技术是如何改变企业的管理方式和竞争策略的，掌握管理信息系统开发方法、开发技术，知道如何参与到企业的信息系统开发设计过程，熟悉各种应用信息系统的工作原理和方式，能从战略角度进行信息技术的规划和管理。

　　《管理信息系统》（东北财经大学出版社出版）出版 5 年来，受到广大读者的欢迎。为了进一步深化管理信息系统课程的教学改革，全面支持管理信息系统课程教学的各个环节，按照普通高等教育"十一五"国家级规划教材建设、精品课程教材建设的要求，我们决定为此书编写一本具有学习指导功能的实验指导书与课程设计书。

　　本书提供了 10 个上机实验和课程设计指导，实验一、二、三是管理信息系统技术基础实验，包括数据库设计实验和数据库操作实验；实验四、五、六、七、八是体验式实验，体验用友 ERP-U8 系统，包括系统初始化实验、基础信息准备实验、工资系统初始化实验、工资业务处理实验和工资数据系统分析实验；实验九、十是管理信息系统分析、设计实验。综合实验是管理信息系统课程设计指导，内容包括管理信息系统课程设计的目的、要求、内容以及参考题目，并给出了课程设计范例，即高校本科生论文指导系统分析、设计与实施。通过课程设计可以加深对管理信息系统基础理论和基本知识的理解，掌握利用信息系统分析、设计的基本方法，提高实际开发管理信息系统的能力。

　　本书基础实验由谢兰云编写，体验式实验由刘伟编写，信息系统建设实验由滕佳东编写，综合应用实验由滕佳东和张丽萍编写。全书由滕佳东最后统稿。

　　本教材在编写过程中吸收和借鉴了国内外同行专家、学者的一些观点和研究成果，在此谨向这些文献和资料的作者表示衷心的感谢！还要特别感谢数学与数量经济学院王维国院长、信息工程学院赵枫副院长对本书的指导和帮助。王维国教授在百忙之中审阅了全书，提出了非常宝贵的意见。赵枫教授对大纲提出了修改意见，并为本书提供了系统开发实例。感谢实验中心赵合喜教授对作者的支持，感谢用友大连分公司培训部宋键经理为本书提供用友 ERP-U8 相关资料。

由于作者水平有限，时间仓促，不妥和疏漏之处在所难免，敬请广大读者批评与指正。

编　者
2008 年元月

目 录

基础工具篇

目前管理信息系统常用的开发工具较多，分为前端的开发工具和后端的数据库。根据当前管理信息系统设计思想，前端的开发工具有基于 C/S 结构的PowerBuilder、Visual Basic、Delphi、C++ Builder 和基于 B/S 结构的 ASP、ASP. NET、JSP、PHP 等程序设计语言，后端的数据库有小型桌面数据库 Access、Visual FoxPro 和大型数据库管理系统 Microsoft SQL Server、Oracle 和 Sybase 等。鉴于学生实验学时有限，我们在这里只简单介绍与本课程实验相关的小型桌面数据库Access 和体验式实验用到的用友 ERP-U8 软件系统。

Microsoft Access 简介

【Microsoft Access 概述】

Access 是 Microsoft Office 软件中的一个重要组成部分。Access 1.0 诞生于 20 世纪 90 年代初期，随着版本的一次次升级，其功能越来越强大，操作反而越来越简单，现在已经成为世界上最流行的桌面数据库管理系统。Access 与其他数据库开发系统之间最显著的区别是它可以在很短的时间里开发出一个功能强大且相当专业的数据库应用程序，并且这一过程是完全可视化的。

Access 的使用与用户习惯使用的 Windows 具有完全一样的风格，方便了用户快速地操作及制作符合使用要求的数据库系统，而且 Access 还与其他微软办公软件紧密联系，软件中提供了大量的向导窗口，大大简化了管理任务的复杂程度，而且微软办公软件都提供帮助功能，为用户提供入门和指导。

Access 2010 与其他版本相比不仅集成了强大的功能、易学易用等优点，而且在界面的易用性和网络数据库方面有了很大的改进。Access 2010 提供多种向导和控件，即使没有编程经验的用户也可以进行数据库的管理和操作。Access 的各个版本之间具有很好的兼容性，用户不用因为版本的升级而重新设计数据库，不同版本的用户可共享数据库。

【Access 2010 的特点】

与之前版本相比，尤其是与 Access 2007 之前的版本相比，Access 2010 在用户界面上发生了重大变化。Access 2007 中引入了两个主要的用户界面组件：功能区和导航窗格。而在 Access 2010 中，对功能区进行了多处更改和完善，使得数据库的管理、应用和开发工作更简单，同时也突出了数据共享、网络交流等特性。

1. 数据库的建立更快捷

可以很便捷地使用他人创建的数据库模板，或者使用 Office 在线提供的数据库模板创建数据库，进而可快速满足用户的具体需求。

2. 新的界面元素

最突出的新界面元素是"功能区"，它代替了传统的菜单栏和工具栏，贯穿于整个程序窗口的顶部，包含了多组命令。在日常操作中，Access 2010 的功能区把一些常用的命令进行了精简的分类，以选项卡组的形式呈现给用户。

3. 文件输出格式

使用 PDF 和 XPS 格式的文件是比较普遍的。在 Access 2010 中，增加了对这些格式的支持，让 Access 的使用更加便捷。

4. 表中数据汇总

汇总行是 Access 2010 新增功能，简化了对行计数的过程。在 Access 早期版本中，必须在查询或表达式中使用函数来对行进行计数。现在，可以简单地使用功能区上的命令对它们进行计数。

【Microsoft Access 的功能介绍】

启动 Access 2010 后，用户可以看到 Access 的工作界面。Access 2010 采用新式功能区用户界面，代替早期版本的多层菜单和工具栏。Access 2010 的工作界面主要由标题栏、快速访问工具栏、选项卡、功能区、导航窗口以及工作区等几部分组成，如图 0-1 所示。

1. 标题栏

标题栏位于 Access 2010 工作界面的最上端，用于显示当前软件的名称和正在编辑的文档名称。在标题栏的右侧有三个小图标"　"，分别表示最小化、最大化和关闭界面。

2. 快速访问工具栏

快速访问工具栏是 Access 窗口标题栏左侧显示的一个标准的可定义的工具栏，用于放置命令按钮，使用户快速启动经常使用的命令。在默认情况下，快速访问工具栏显示为"　"，分别表示保存、撤销、恢复。用户可以根据需要添加多个自定义命令，单击快速访问工具栏的　按钮，会弹出"自定义快速访问工具栏"，用户可根据需要自己进行设定。

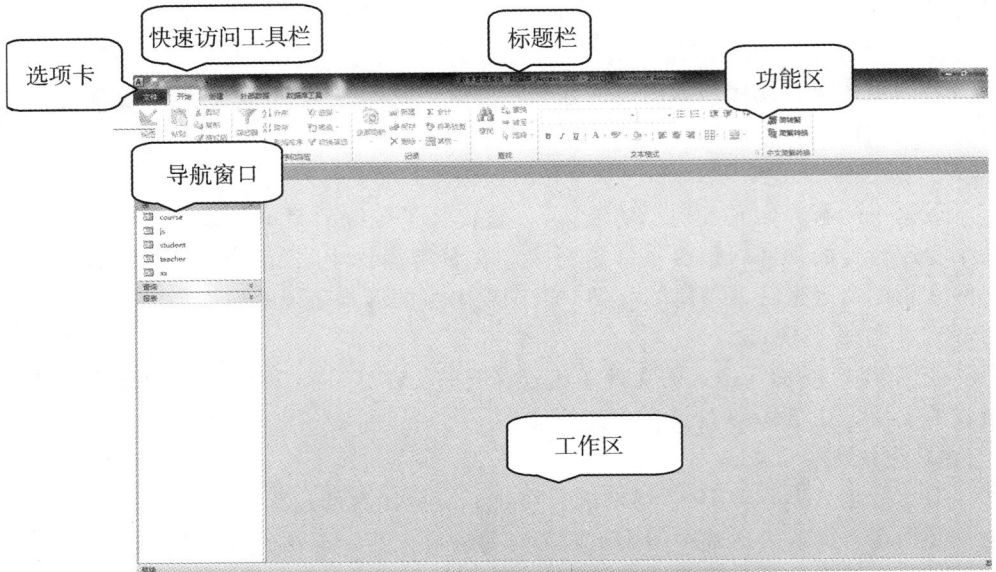

图 0-1　Access 2010 工作界面

3. 功能区

Access 2010 最突出的新界面元素就是功能区，它替代了早期版本中的菜单和工具栏，位于应用窗口的顶部，提供了 Access 2010 的主要命令，如图 0-2 所示。功能区的主要优势之一是将通常需要使用的菜单、工具栏和任务窗口等的入口点集中在一个地方，这样用户不需要四处查找命令。

图 0-2　功能区

功能区由一系列包含命令的命令选项卡组成，主要的命令选项卡为"文件""开始""创建""外部数据""数据库工具"。

4. 选项卡

Access 2010 的功能区包括"文件""开始""创建""外部数据""数据库工具"等几个选项卡。在对数据库对象操作时，还将打开上下文命令选项卡。"文件"选项卡与其他的选项卡布局有所不同，单击"文件"选项卡，打开的窗口分左右两个窗格，左窗格显示打开、关闭、保存等与文件操作相关的按钮，右窗格显示执行结果。上下文命令选项卡是根据上下文（正在使用的对象或正在执行的任务），在标准命令选项卡右边随时会显示的一个或多个命令选项卡。例如，打开数据表视图时，会出现"表格工具"下的"字段"和"表"选项卡，如图 0-3 所示。

图 0-3　上下文命令选项卡

5. 导航窗口

导航窗口替代了 Access 早期版本中所用的数据库窗口，用于显示数据库的所有操作对象，在操作时可使用导航窗口进行操作对象的切换。导航窗口实现对当前数据的管理和对相关对象的组织。

6. 工作区

Access 的工作区位于导航窗口的右侧、功能区的右下方，是用来对数据进行设计、编辑、修改的地方。对 Access 中所有对象进行的所有操作都在工作区中进行，操作结果也都在工作区显示。Access 2010 采用的是选项卡文档形式，如图 0-4 所示，这种界面显示效果方便了用户与数据库的交互作用，实现了用很小的空间显示更多的信息。

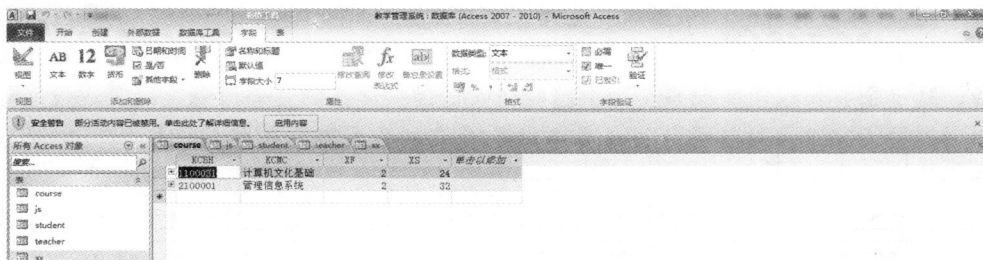

图 0-4　Access 2010 工作区

用友 ERP-U8 系统简介

【ERP-U8 系统概述】

用友 ERP-U8 为企业提供了一套企业基础信息管理平台解决方案，满足各级管理者对不同信息的需求：为高层经营管理者提供决策信息，以衡量收益与风险的关系，制定企业长远发展战略；为中层管理人员提供详细的管理信息，以实现投入与产出的最优配比；为基层管理人员提供及时准确的成本费用信息，以实现预算管理，控制成本费用。

用友 ERP-U8，根据业务范围和应用对象的不同，划分为财务管理、供应链管理、生产制造、人力资源、决策支持、集团财务、企业门户、行业插件等系列产品，由多个子系统构成，各系统之间信息高度共享。

【ERP-U8 系统的功能介绍】

ERP-U8 系统的主要功能简介如下：

1. 财务会计

财务会计部分主要包括总账管理、应收款管理、应付款管理、工资管理、固定资产管理、报账中心、财务票据套打、网上银行、UFO 报表、财务分析等模块。这些模块从不同的角度，实现了从预算到核算到报表分析的财务管理的全过程。其中，总账管理是财务系统中最核心的模块，企业所有的核算最终在总账中体现；应收款管理、应付款管理主要用于核算和管理企业销售和采购业务所引起的资金的流入、流出；工资管理完成对企业工资费用的计算与管理；固定资产管理提供对设备的管理和折旧费用的核算；报账中心是用于管理单位发生的日常报账业务的管理系统；财务票据套打用于满足单位财务部门、银行部门以及票据交换中心对现有各种票据进行套打、批量套打和打印管理的功能需求；网上银行解决了企业足不出户实现网上支付业务的需求；UFO 报表生成企业所需的各种管理分析表；财务分析提供预算的管理分析、现金的预测及分析等功能，现金流量表则帮助企业进行现金流入、流出的管理与分析。通过财务会计系列的产品应用，可以充分满足企事业单位对资金流的管理和统计分析的需要。

2. 管理会计

管理会计部分主要包括项目管理、成本管理、专家财务分析等模块。通过项目和成本管理，实现各类工业企业对成本的全面掌控和核算；运用专家财务分析系统，帮助企业对各种报表及时进行分析，及时掌握本单位的财务状况（盈利能力、资产管理效率、偿债能力和投资回报能力等）、销售及利润分布状况、各项费用的明细状况等，为企业的管理决策提供依据、指明方向。

3. 供应链管理

供应链管理部分主要包括物料需求计划、采购管理、销售管理、库存管理、存货核算等模块，主要功能在于增加预测的准确性，减少库存，提高发货、供货能力；减少工作流程周期，提高生产效率，降低供应链成本；减少总体采购成本，缩短生产周期，加快市场响应速度。同时，在这些模块中提供了对采购、销售等业务环节的控制，以及对库存资金占用的控制，完成对存货出入库成本的核算，使企业的管理模式更符合实际情况，制订出最佳的企业运营方案，实现管理的高效率、实时性、安全性、科学性、现代化、职能化。

4. 集团应用

集团应用部分主要包括资金管理、行业报表、合并报表等模块及分行业的解决方案。资金管理实现对企业内外部资金的计息与管理，行业报表和合并报表等则为行业和集团型的用户进行统一管理提供了工具。

5. WEB 应用

WEB 应用部分实现了企业互联网模式的经营运作，主要包括 WEB 财务、WEB 资金管理、WEB 购销存。通过 WEB 应用系统，可实现集团财务业务信息的及时性、可靠性和准确性，并加强对远程仓库、销售部门和采购部门的管理。

6. 商业智能

通过管理驾驶舱帮助企业领导实现移动办公的需求，企业领导可以随时、随地、随身实现对企业的实时监控。

7. 人力资源管理

按照人力资源的战略部署，针对不同的角色配置功能、报表和预警及综合分析实现主动管理，既可满足日常人事业务的需要，还可以根据业务需求进行人力资源的适应性储备和配置，有力地支持了企业经营发展对于人才的需求。

8. 生产制造

以销售为主导的、完整的、灵活的计划体系，将企业的销售、生产、采购管理整合为一个有机整体，提供多种形式的 BOM，支持为订单生产或是为库存生产的不同生产管理模式，提高工厂的制造柔性，加快生产周转速度，更好地适应市场敏捷性需求。

9. 企业应用集成（EAI）

EAI 具有信息总线功能，实现了 U8 系统的对外接口，其他的软件系统可以和 U8 系统进行挂接，实现协调工作、数据共享，使软件的价值最大化。EAI 使 U8 成为一个开放式的系统，数据完全是共享的，打破了信息孤岛现象，使企业的其他软件系统可以和 U8 很好地协同工作。

用友 ERP-U8 企业门户主界面如图 0-5 所示。

图 0-5 用友 ERP-U8 企业门户主界面

用友 ERP-U8 软件系统为高等学校管理信息系统教育提供了有利的支撑。该软件系统功能模块多，涉及多个产品，学生在有限的学时内难以全面掌握所有的功能模块，本教材中的实验部分仅涉及整个 ERP-U8 系统中的系统管理、企业门户、财务会计中的工资管理等几个模块。系统管理模块为各个产品提供了一个公共平台，用于对整个系统的公共任务进行统一管理，如企业账套的建立、修改、删除和备份，操作员的建立、角色的划分和权限的分配等，其他任何产品的独立运行都必须以此为基础；企业门户是使用用友 ERP-U8 软件系统各个模块的入口；工资管理模块是财务管理中功能相对独立、简单的部分，便于学生学习。选用基础的、功能简单的模块，目的是让学生以用友 ERP-U8 软件系统为例，体验管理信息系统在企业管理中的作用，不需要了解更多的企业业务知识。对于实验中未涉及的部分，学生可以参考其他教材学习。

基础实验篇

　　数据库是开发管理信息系统的基础。目前主流的数据库管理系统有 Access、Visual FoxPro、Microsoft SQL Server、Oracle 和 Sybase 等。其中 Access 和 Visual FoxPro 属于小型桌面关系数据库，操作简单，并且自带一套完整的操作语言，人们可以不依靠其他开发工具就能开发出一套小型的管理信息系统。我们在本篇只安排了 Access 操作练习实验。

实验一　建立数据表（一）

【实验目的】

1. 掌握 Access 2010 的启动与退出方法，了解 Access 2010 数据库管理系统的开发环境及其基本对象。
2. 熟练掌握数据库的基本操作：建立、打开、关闭和删除等。
3. 熟悉表的创建方法和步骤。

【实验要求】

1. 在"D：\"目录下新建数据库 xscj. mdb。
2. 在 xscj 数据库中创建五个数据表：student（学生表）、course（课程表）、teacher（教师表）、xx（选修课程表）和 js（教师讲授表）。各表结构见表 1-1 至表 1-5（加粗的字段为主键）。

表 1-1　　　　　　　　　　　　student（学生表）结构

字段名	类型	宽度	字段含义
XH	**文本**	**10**	**学号**
XM	文本	10	姓名
XB	文本	2	性别
CSRQ	日期/时间		出生日期
SZYX	文本	20	所在院系
ZHYE	文本	20	专业
BANJI	文本	2	班级
PASSWORD	文本	10	密码

表 1-2   course（课程表）结构

字段名	类型	宽度	字段含义
KCBH	文本	7	**课程号**
KCMC	文本	10	课程名
XF	数字	整型	学分
XS	数字	整型	学时

表 1-3   teacher（教师表）结构

字段名	类型	宽度	字段含义
BH	文本	4	**教师编号**
XM	文本	10	姓名
XB	文本	2	性别
CSRQ	日期/时间		出生日期
SZYX	文本	20	所在院系
ZC	文本	10	职称
LB	文本	8	类别
PASSWORD	文本	10	密码

表 1-4   xx（选修课程表）结构

字段名	类型	宽度	小数位	字段含义
XH	文本	10		**学号**
KCBH	文本	7		**课程号**
KXH	文本	2		课序号
XN	文本	9		学年
XQ	文本	2		学期
CJ	数字	单精度数	1	成绩

表 1-5   js（教师讲授表）结构

字段名	类型	宽度	字段含义
KCBH	文本	7	**课程号**
KXH	文本	2	课序号
BH	文本	4	教师编号

【实验准备】

----

1. Access 数据库的建立、打开、修改、删除等操作。

2. 在 Access 数据库中表的建立、表结构的修改、表的打开与关闭、表的删除等操作。

3. 在表中设置主键。

【实验步骤】

----

1. 启动 Access 2010 操作步骤

（1）单击"开始"按钮，在"程序"子菜单的"Microsoft Office"中选择"Microsoft Access 2010"，打开如图 1-1 所示界面。

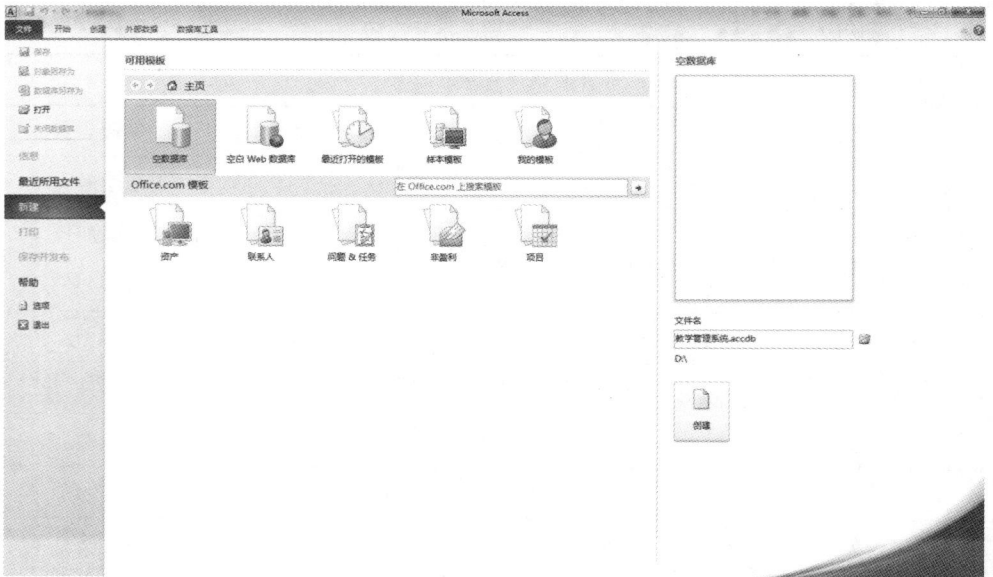

图 1-1　创建数据库界面

（2）将文件名更改为"教学管理系统.accdb"，保存在"D：\"目录下。

（3）单击"创建"按钮，系统创建一个默认名为"表1"的新表，如图 1-2

所示。

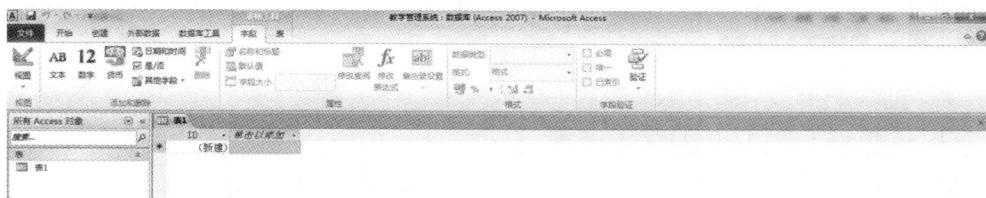

图1-2　创建新表

2. 创建"student"表操作步骤

（1）单击"单击以添加"下拉菜单，选择"文本"，则添加了一个文本类型的字段，初始字段名为"字段1"，如图1-3所示。

图1-3　选择数据类型

（2）修改刚添加的"字段1"的名称，输入"XH"，在"表格工具"下的"字段"选项卡"属性"中，将"字段大小"改为10，如图1-4所示。

图1-4　修改字段大小

（3）重复步骤（1）和步骤（2），添加"XM""XB""CSRQ""SZYX""ZHYE""BANJI""PASSWORD"等字段，并设置字段的大小。

（4）单击"快速访问工具栏"的"保存"按钮，在弹出的"另存为"对话框中输入"student"，单击"确定"完成"student"表的创建。

（5）选中"student"表，选择"视图"中的"设计视图"命令，把光标移至"ID"字段的字段选择器上，单击可选定该字段。

（6）单击"表格工具"下"设计"选项上的"工具"组中的"主键"按钮，如图1-5所示。

（7）再次选定"ID"字段，单击"表格工具"下"设计"选项上"工具"组

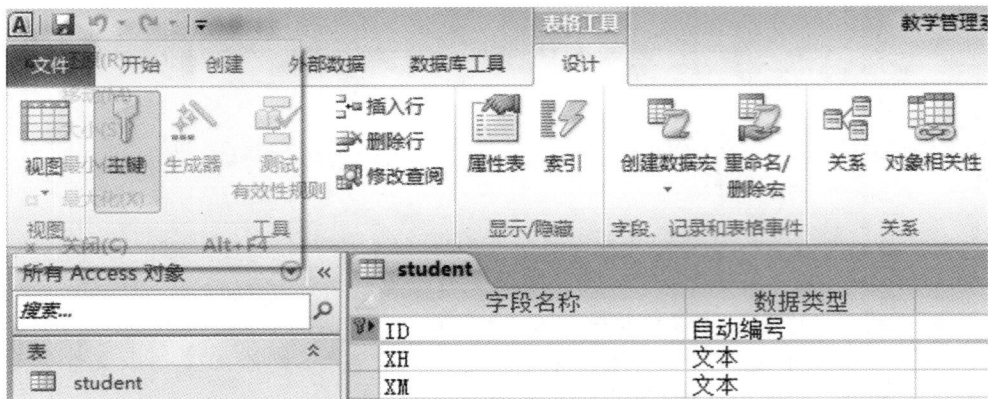

图 1-5　主键设定

中的"删除行"，会弹出一个是否删除该字段的对话框，单击"是"按钮。或者选中"ID"字段，单击右键选择"删除行"按钮，弹出一个是否删除该字段的对话框，单击"是"，如图 1-6 所示。

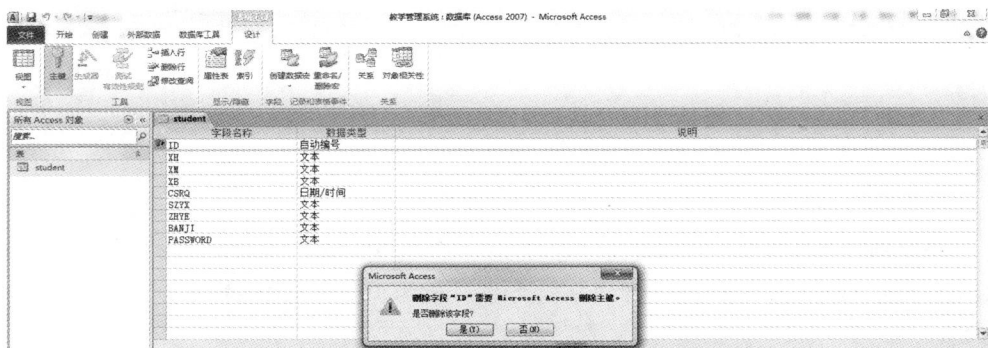

图 1-6　删除字段

（8）把光标移动到"XH"的字段选择器上，单击该字段。单击"表格工具"下"设计"选项上"工具"组中的"主键"按钮，或者单击右键，选择"主键"按钮。

3. 创建"course"表操作步骤

（1）在"创建"选项卡上的"表格"中，单击"表设计"，显示"表1"的设计视图，如图 1-7 所示。

（2）在字段输入区第一行的"字段名称"单元格键入"KCBH"，在"数据类型"中选择"文本"按钮，在"字段大小"单元格中键入7。

（3）其他字段按表 1-2 中"course"表的字段名、类型和宽度依次键入。

（4）把光标移动到"KCBH"的字段选择器上，单击该字段，或者单击右键，选择"主键"按钮。

（5）单击"快速访问工具栏"中的" 📁 "按钮，在弹出的"另存为"对话

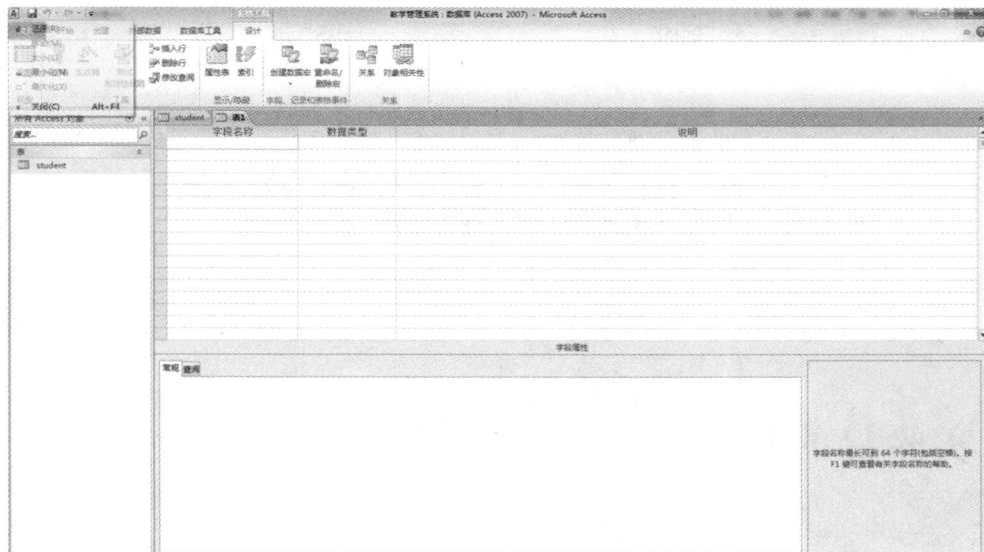

图 1-7　表设计视图

框中输入"course"，然后单击"确定"完成"course"表的创建。

　　4. 创建"teacher"表、"xx"表及"js"表

　　自主完成其他表的创建，"xx"表中有两个主键，设置时按"Ctrl"键同时选择两个主键字段，然后单击"设计"中的"主键"按钮。

【实验总结】

　　实验思考题：

　　1. 什么是数据库？什么是数据库表？

　　2. Access 2010 的字段类型分别有哪些数据类型？

实验二　建立数据表（二）

【实验目的】

----

1. 熟悉将各种数据导入数据表中的方法。
2. 熟练掌握表结构的操作，如增加、删除、修改一个字段等。
3. 利用 Access 数据库管理系统实现学生成绩管理系统数据库的建立。

【实验要求】

　　通过输入等方式将实验资料的记录录入到"student""course""teacher""xx" "js"表中。

【实验准备】

----

1. 表中记录的输入、删除和浏览。
2. 数据库中表之间的关系。
3. 实验的数据库。

【实验步骤】

1. 输入"course"表中的记录

因为"course"表中的"KCBH"为主键，因此"KCBH"键入时不能重复，也不能为空值。

（1）双击导航栏的"course"表，进入到"course"表的"数据表视图"模式，然后进行键入。图 2-1 是表中输入两条记录后的情形。

course					
KCBH	KCMC	XF	XS	单击以添加	
2100001	管理信息系统	2	32		
1100031	计算机文化基础	2	24		
*					

图 2-1　录入数据

（2）删除表中记录：用鼠标先选中要删除的记录，然后单击鼠标右键，在弹出的如图 2-2 所示的快捷菜单中选择"删除记录"选项，则可删除已选择的记录。

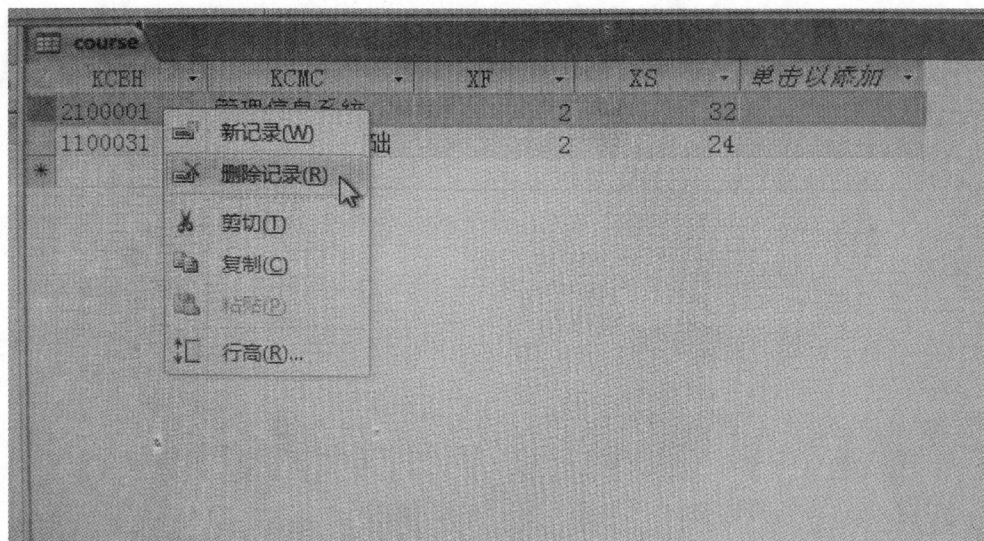

图 2-2　删除记录

（3）输入完记录后，选中"course"表单击右键"保存"，然后继续选中"course"表单击右键"关闭"，则完成了表格的基本录入。

2. 输入"teacher"表中的记录

进行"teacher"表数据录入的时候基本与"course"表相同，但要注意"SZYX"和"ZC"的输入需要进行"查阅向导"的设置。以"ZC"为例：

（1）双击导航栏的"teacher"表，选择"设计视图"模式，将"ZC"字段的数据类型改为"查阅向导"，会弹出查阅向导的对话框，选择"自行键入所需的值"，如图 2-3 所示。

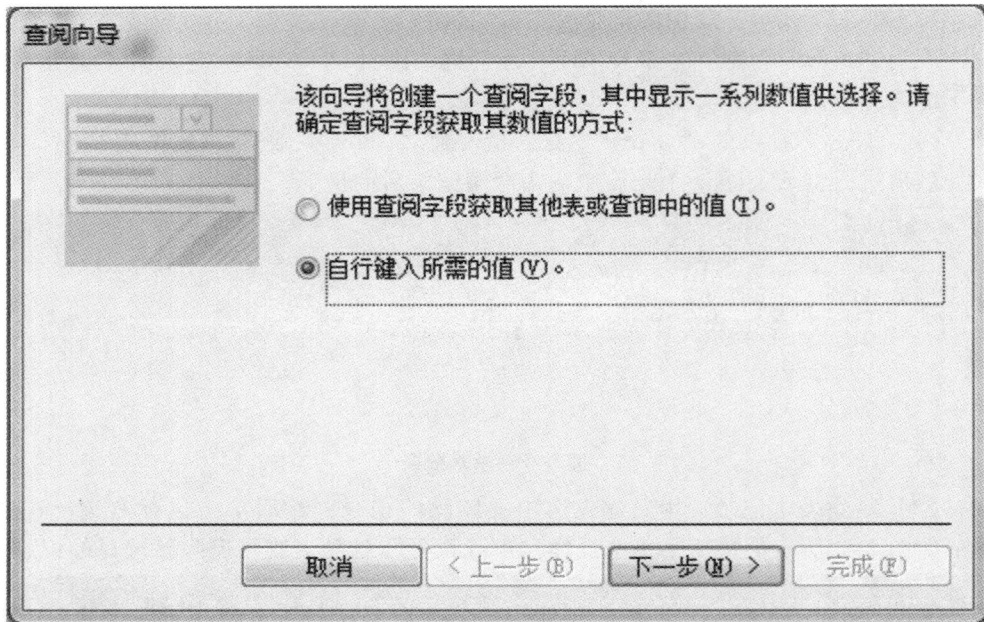

图 2-3　查阅向导设置（一）

（2）单击"下一步"，在弹出的对话框中依次输入"教授""副教授""讲师""助教"，然后单击"完成"，如图 2-4 所示。

（3）完成查阅向导的设置后，进入到"数据表视图"模式，单击"ZC"列表右边的按钮，可以进行选择，不必再自行键入了。

3. 输入其他表中记录

向其他表中输入数据与"course"和"teacher"表类似，按顺序完成其他表的记录。

4. 建立表之间的连接

（1）在数据库打开的情况下，选择"数据库工具"中的"关系"按钮，会弹出如图 2-5 所示的对话框。

（2）在"显示表"中单击"course"表，点击添加，然后用相同的方法依次添加"js""student""teacher""xx"表。

（3）从"student"表中拖动"XH"字段到"xx"表中就会弹出如图 2-6 所示的"编辑关系"对话框，表明两张表之间的联系，单击创建就可以为这两张表建立联系。

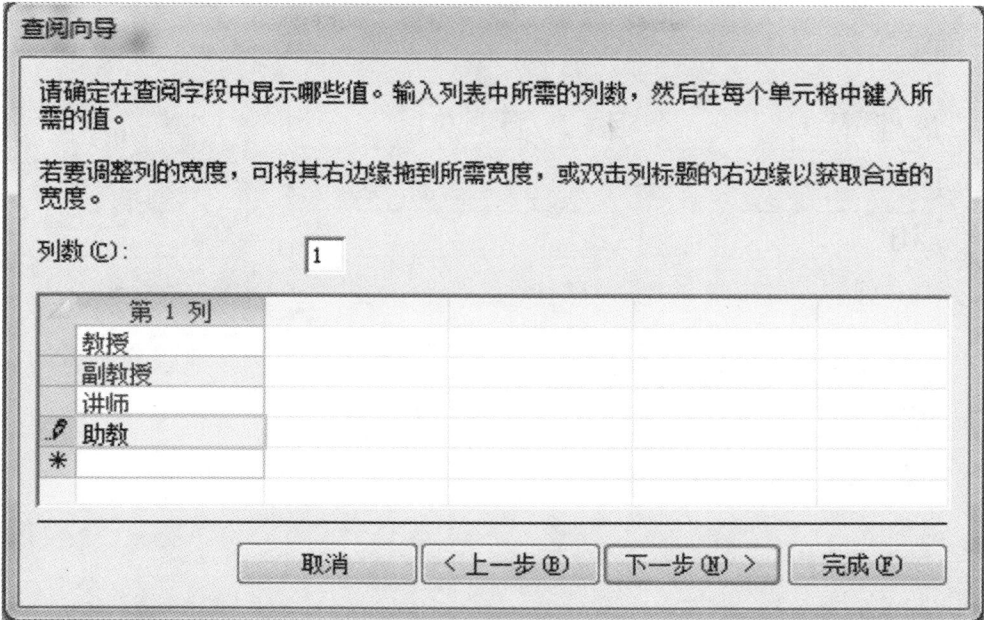

图 2-4 查阅向导设置（二）

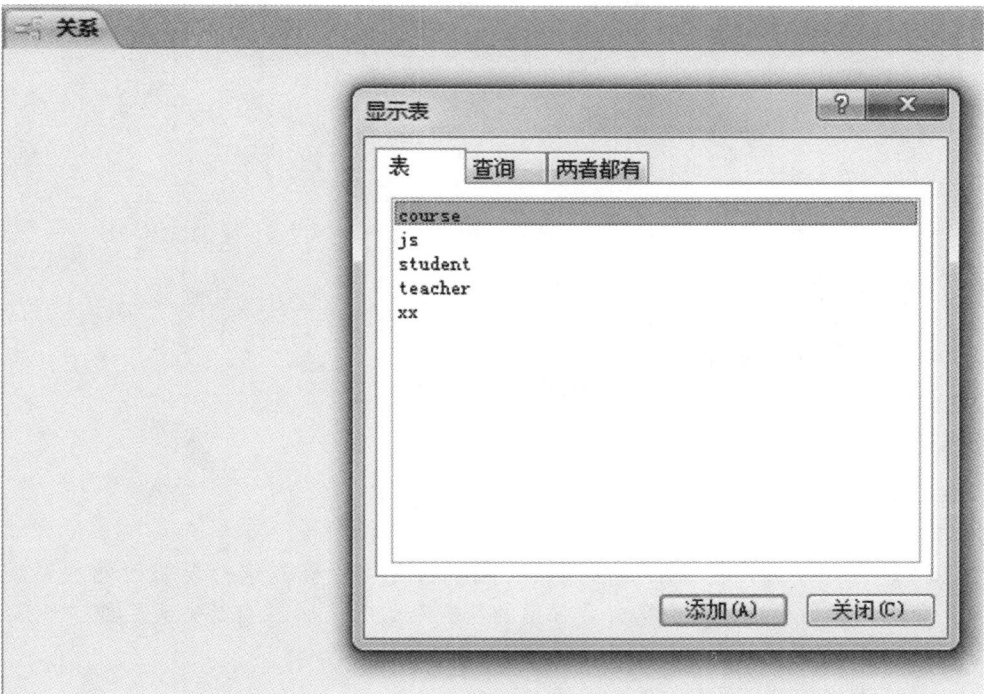

图 2-5 显示表对话框

（4）用同样的办法为数据库的所有表建立联系，结果如图 2-7 所示。

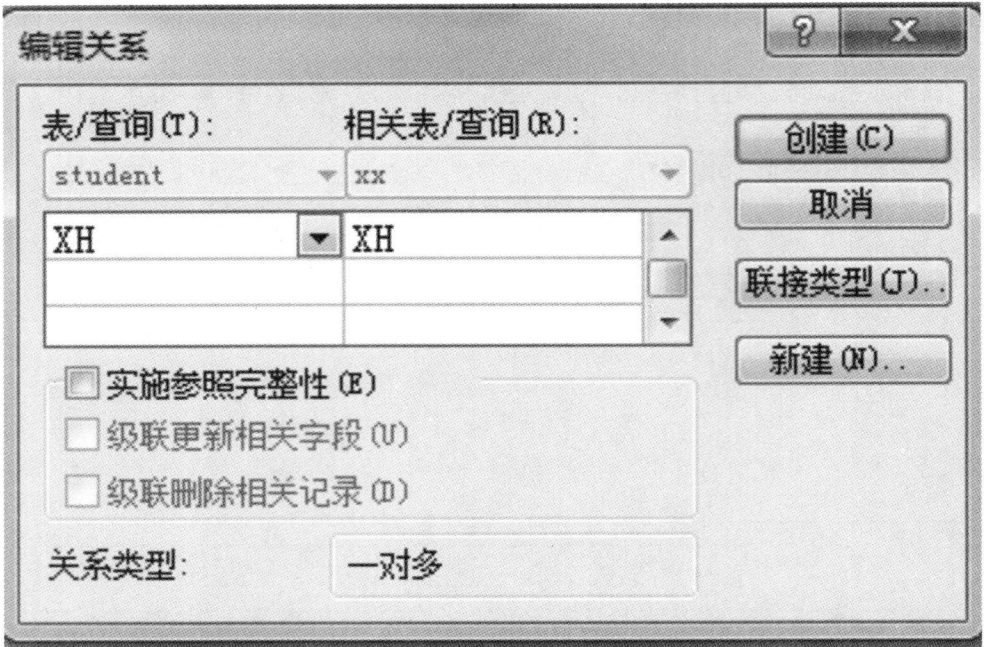

图 2-6　"编辑关系"对话框

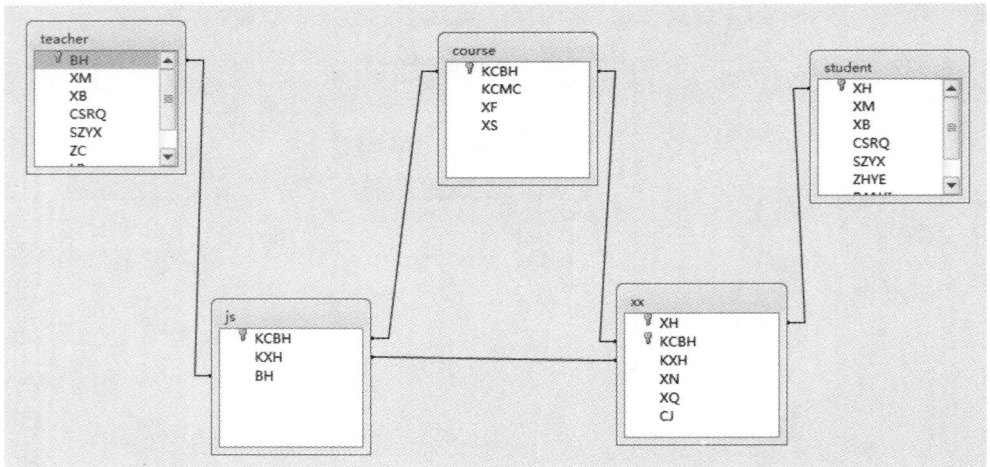

图 2-7　建立完关系后的关系窗口

（5）建立好的关系如果要修改或者删除，可用鼠标先选择要修改的关系线，使其变粗，然后单击鼠标右键，在弹出的快捷菜单中选择"编辑关系"或"删除"进行修改或删除。

（6）退出数据库系统。

【实验总结】

实验思考题：

1. 如何打开和关闭数据库？
2. 表间关系的作用是什么？
3. 利用 Microsoft Access 建立数据库有什么好处？

实验三　查询设计（一）

【实验目的】

1. 理解查询的基本概念。
2. 掌握建立选择查询的方法。
3. 了解查询的基本操作步骤，认识查询的数据表视图模式和设计视图模式。

【实验要求】

通过创建选择查询，完成"学生成绩汇总""学生选课情况""教师授课情况"的查询。

【实验准备】

了解各表之间的相关联系，通过联系建立查询系统。

【实验步骤】

1. 创建"学生成绩汇总"查询

（1）在打开的 Access 2010 中，单击"创建"选项卡上的"查询设计"，会显示"设计视图"并弹出"显示表"对话框，如图 3-1 所示。

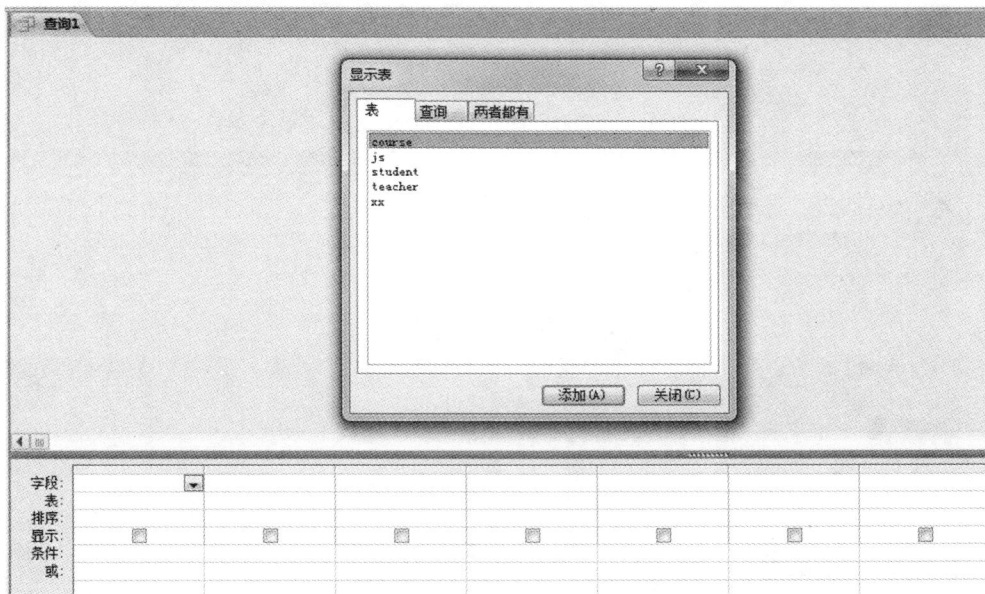

图 3-1　显示表

（2）在"显示表"对话框中，双击"student""xx""course"表，添加到查询设计视图中，或者单击要添加的表，点击添加按钮。然后单击"关闭"按钮，完成添加。

（3）在设计视图上半部分的三个表中，分别双击"XH""XM""KCBH""KCMC""XQ""CJ"这几个字段，会在设计视图的下半部分显示出来，如图 3-2 所示。

（4）保存该查询，在弹出的对话框中命名该查询为"学生成绩汇总"，并关闭"设计视图"。

（5）在"导航窗口"中，双击"学生成绩汇总"，会显示如图 3-3 所示的运行结果。

2. 创建"学生选课情况"查询

（1）在打开的 Access 2010 中，单击"创建"选项卡上的"查询设计"，会显

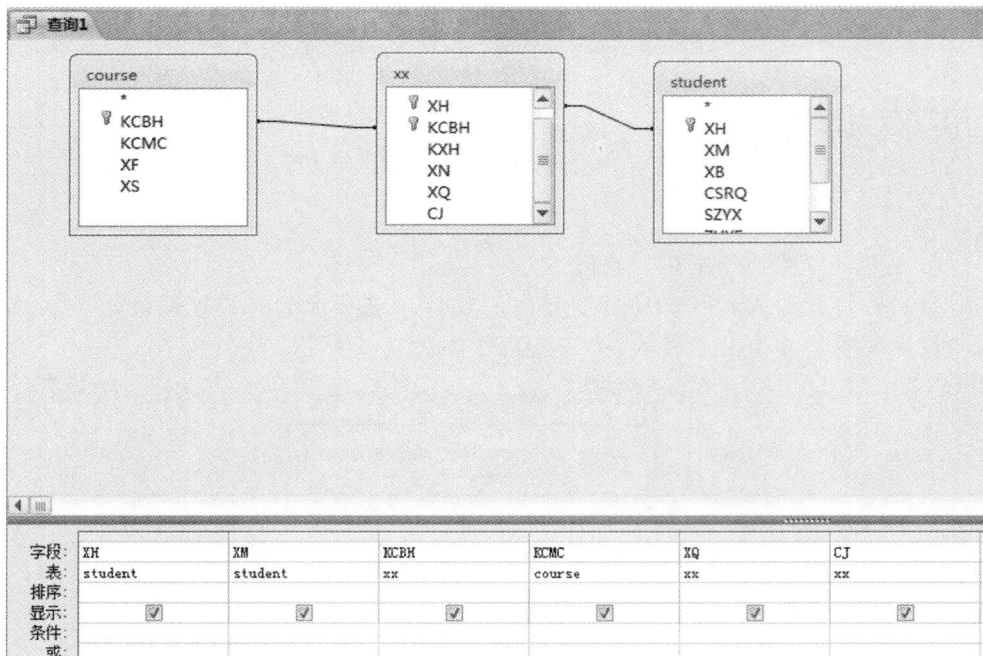

图 3-2   添加指定字段

图 3-3   "学生成绩汇总"查询结果

示"设计视图"并弹出"显示表"对话框。

（2）在"显示表"对话框中，双击"student""teacher""js""xx""course"表，添加到查询设计视图中，然后单击"关闭"按钮，完成添加。

（3）在查询"设计视图"中，分别双击"XH""XM""KCBH""KCMC""XF""XM""BH"。

（4）保存该查询，在弹出的对话框中命名该查询为"学生选课情况"，并关闭"设计视图"。

（5）在"导航窗口"中，双击"学生选课情况"，会显示如图 3-4 所示的运行结果。

XH	student.X	KCBH	KCMC	XF	teacher.X	BH
2016001	王齐	1100031	计算机文化基础	2	张伟	2001
2016002	倪雪	1100031	计算机文化基础	2	张伟	2001
2016004	雷磊	1100031	计算机文化基础	2	张伟	2001
2016001	王齐	2100001	管理信息系统	2	孙迪	3001
2016003	李飞	2100001	管理信息系统	2	孙迪	3001
2016004	雷磊	2100001	管理信息系统	2	孙迪	3001
2016005	何亮	2100001	管理信息系统	2	孙迪	3001

图 3-4　"学生选课情况"查询

3. 创建"教师授课情况"查询

（1）在打开的 Access 2010 中，单击"创建"选项卡上的"查询向导"，会弹出"新建查询"的对话框，如图 3-5 所示。

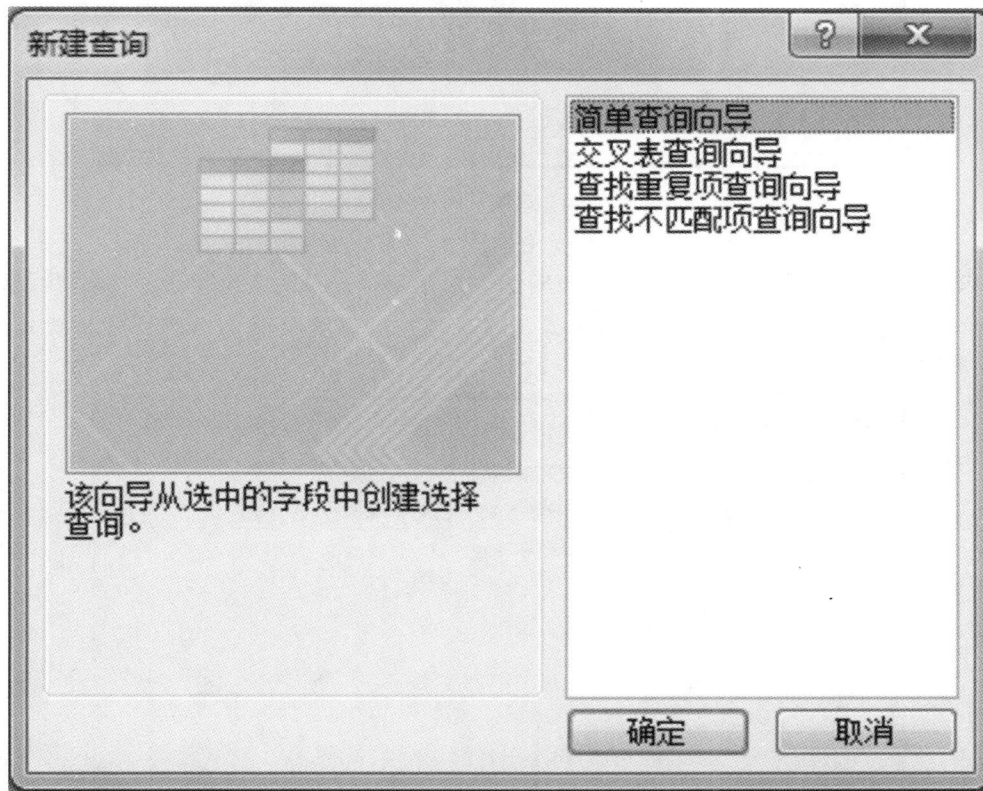

图 3-5　新建查询

（2）选择"简单查询向导"选项，点击确认。

（3）在新弹出的"简单查询向导"对话框中，在"表/查询"下拉菜单中选择"表：teacher"，将"BH""XM""ZC"三个字段添加至"选定字段"列表框中。

（4）重复上一步骤，依次从"js""course"表中选择"KCBH""KCMC"这几个选项。最终完成选定字段后的效果如图3-6所示，单击"下一步"。

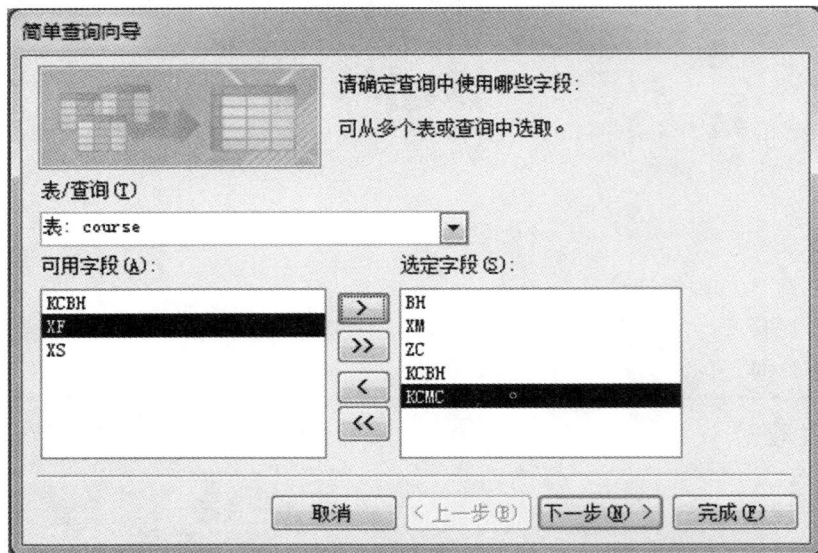

图3-6　选定字段对话框

（5）单击"下一步"按钮，会弹出如图3-7所示的对话框，要求用户确定采用明细查询还是汇总查询。若选择"明细（显示每个记录的每个字段）"选项，是查看详细信息；若选择"汇总"选项，则是对一组或者全部记录进行各种统计。点击"明细（显示每个记录的每个字段）"按钮，并单击"下一步"。

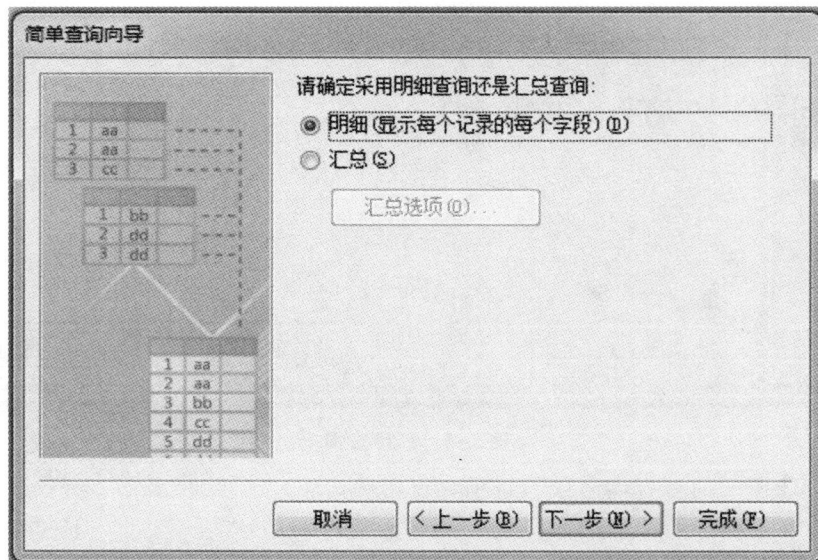

图3-7　查询方式的选择

（6）在如图 3-8 所示的文本框中，在指定标题栏中输入"教师授课情况"后，选中"打开查询查看信息"选项，最后单击"完成"。

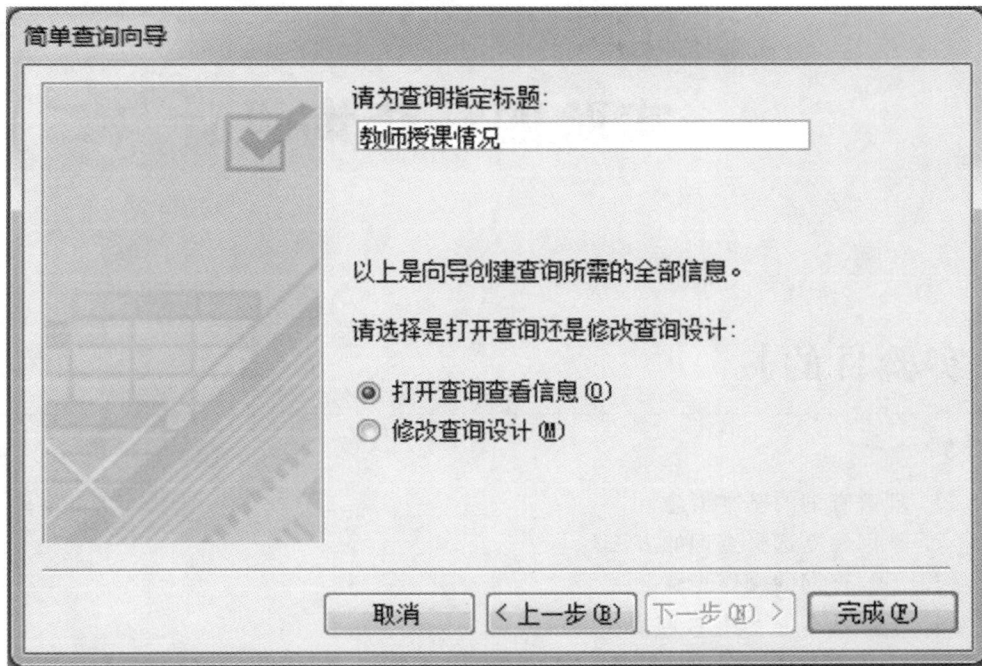

图 3-8　输入查询名称

（7）系统开始建立查询，结果如图 3-9 所示。

BH	XM	ZC	KCBH	KCMC
2001	张伟	教授	1100031	计算机文化基础
3001	孙迪	副教授	2100001	管理信息系统

图 3-9　"教师授课情况"查询结果

【实验总结】

实验思考题：

1. 什么是查询？查询类型有哪些？

2. 查询和表的区别是什么？

实验四 查询设计（二）

【实验目的】

1. 理解查询的基本概念。
2. 掌握建立选择查询的方法。
3. 了解查询的操作步骤。
4. 掌握基本的 SQL 查询语句的用法。

【实验要求】

在完成基本查询情况的基础上，完成有限制条件的信息查询。

【实验准备】

会建立基本的查询步骤，并掌握一定的 SQL 查询语句的用法。

【实验步骤】

1. 创建"按班级浏览学生选课"查询

（1）在打开的"教学管理系统"数据库中，在"创建"选项卡上"查询"组中单击"查询设计"按钮，会弹出"显示表"对话框。

（2）在"显示表"对话框中，依次双击"student""xx"表，添加到查询设计视图中，然后单击"关闭"按钮，完成添加。

（3）在查询"设计视图"中，分别双击"XH""XM""BANJI""KCBH""XN"。

（4）在"设计网格"中"条件"一栏需要输入相关的限制条件，本次查询是按班级情况浏览，所以在"BANJI"条件一栏中输入"［Forms］!［student 信息查询］!［BANJI］"，如图 4-1 所示。

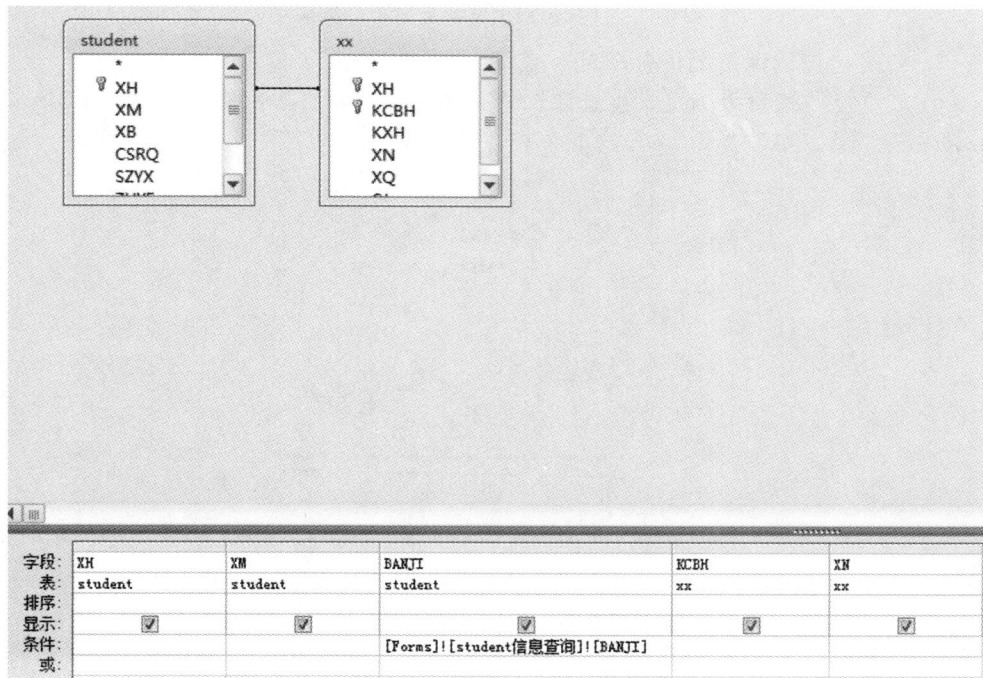

字段	XH	XM	BANJI		KCBH	XN
表	student	student	student		xx	xx
排序						
显示	☑	☑	☑		☑	☑
条件			[Forms]![student信息查询]![BANJI]			
或						

图 4-1　查询条件的输入

（5）保存该查询，在弹出的对话框中命名该查询为"按班级浏览学生选课"，并关闭"设计视图"。

（6）在"导航窗口"中，双击"按班级浏览学生选课"，会出现如图 4-2 所示的输入参数值对话框，输入相应的参数值，如"一班"后点击"确定"，即可得到如图 4-3 所示的结果。

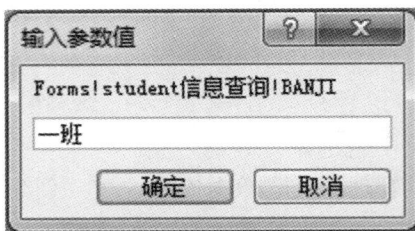

图 4-2　输入参数值

图 4-3　"按班级浏览学生记录"结果

2. 创建"按选课情况得分浏览"查询

（1）重复"按班级浏览学生选课"查询的相应步骤，本次查询选择"student""teacher""js""xx""course"这五个表，并添加相应的字段，如图 4-4 所示。

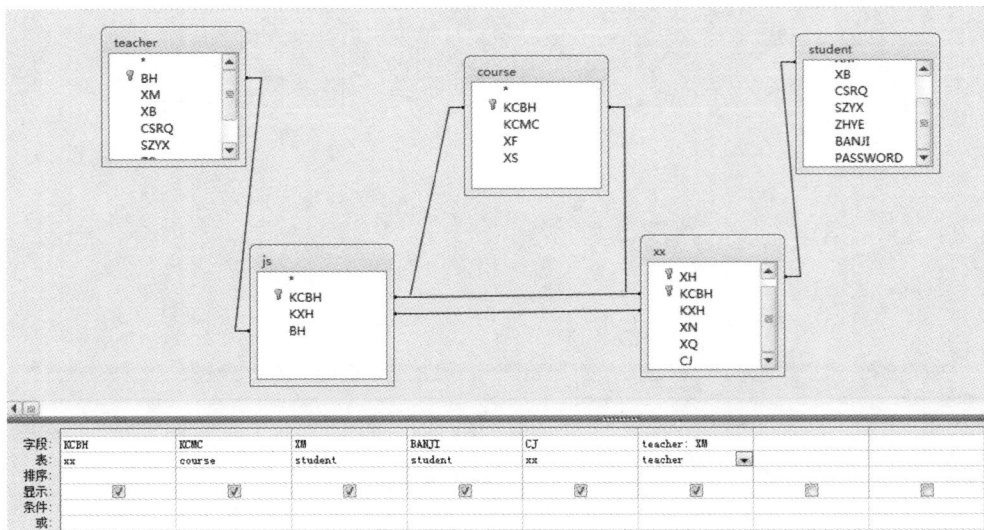

图 4-4　选项添加

（2）在"teacher"表中的"XM"字段前输入"teacher:"，将其原字段的"XN"更改为"teacher"。

（3）在"设计网格"中的"KCBH"和"CJ"字段的条件中分别输入如图4-5所示的限制条件。

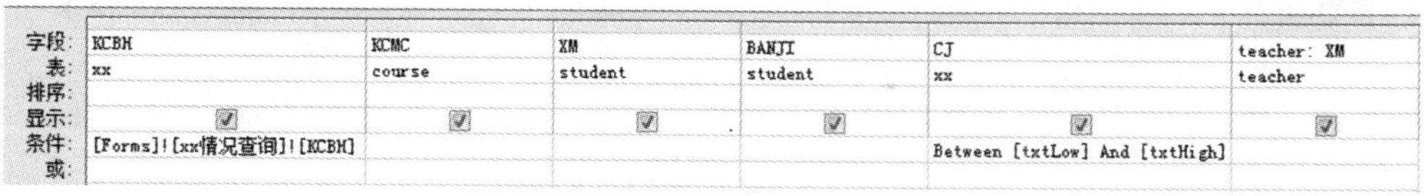

字段	KCBH	KCMC	XM	BANJI	CJ	teacher: XM
表	xx	course	student	student	xx	teacher
排序						
显示	☑	☑	☑	☑	☑	☑
条件	[Forms]![xx情况查询]![KCBH]				Between [txtLow] And [txtHigh]	
或						

图 4-5　限制条件的输入

（4）保存该查询，在弹出的对话框中命名该查询为"按选课情况得分浏览"，并关闭"设计视图"。

（5）在"导航窗格"中，双击"按选课情况得分浏览"，会出现如图4-6、图4-7和图4-8所示的输入参数值对话框，输入相应的参数值后点击"确定"，即可得到如图4-9所示的结果。

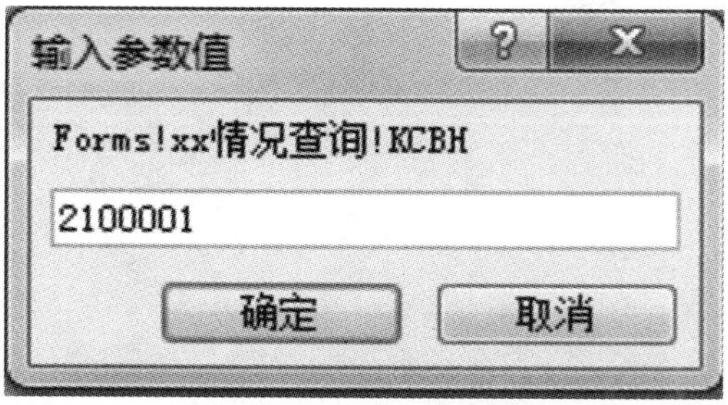

图 4-6　"KCBH"参数值输入

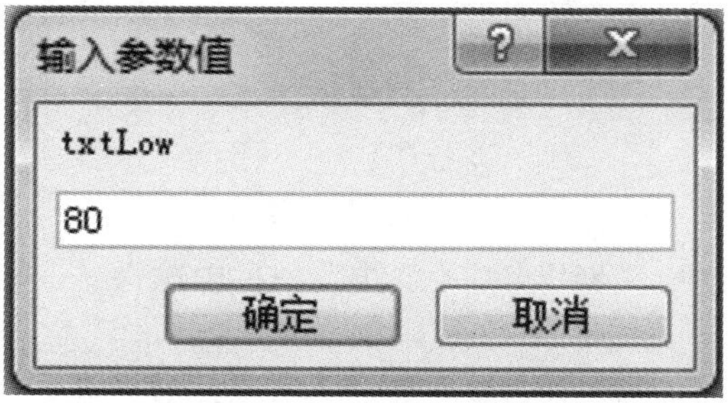

图 4-7　"txrLow"参数值输入

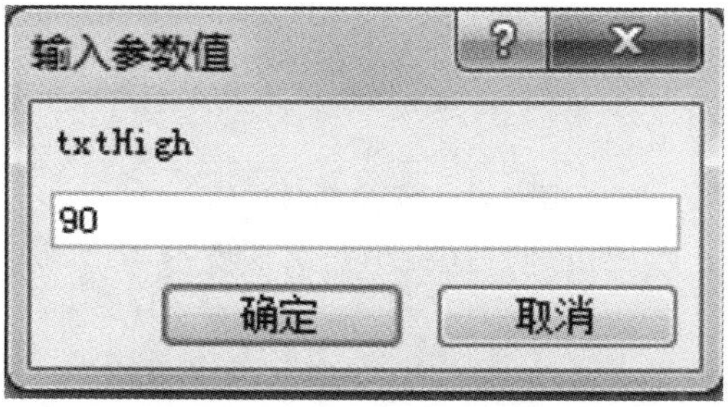

图 4-8　"txtHigh"参数值输入

按选课情况得分浏览

KCBH	KCMC	XM	BANJI	CJ	teacher
2100001	管理信息系统	王齐	一班	85	孙迪
2100001	管理信息系统	李飞	二班	86	孙迪
2100001	管理信息系统	雷磊	一班	82	孙迪
2100001	管理信息系统	何亮	二班	86	孙迪

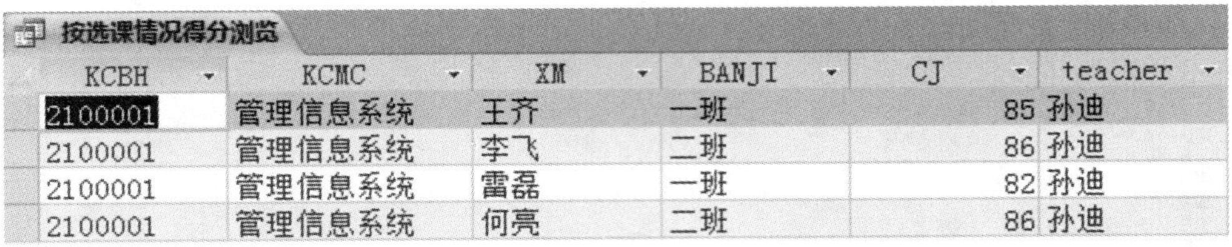

图 4-9　查询结果

3. 创建“学生基本情况查询”

（1）重复“按班级浏览学生选课”查询的相应步骤，本次查询选择“student”“xx”表，并添加相应的字段，如图 4-10 所示。

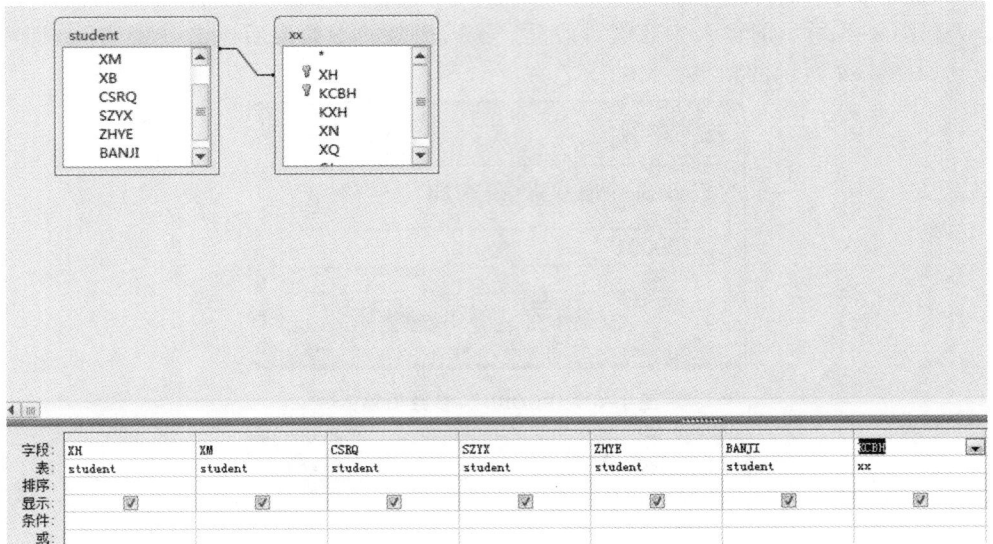

图 4-10　选项添加

（2）在设计网格中，“XH”的“条件”一栏中输入“[Forms]！[student 信息查询]！[XH]”。

（3）在设计网格中添加一个新字段“年龄”，即“年龄：Year（Date（））－Year（[CSRQ]）”，意义为学生的实际年龄，如图 4-11 所示。

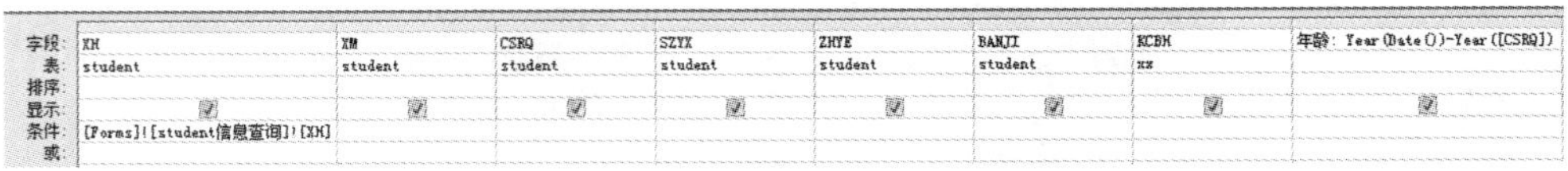

图 4-11　限制条件的输入

（4）保存该查询，在弹出的对话框中命名该查询为“学生基本情况查询”，并关闭“设计视图”。

（5）在“导航窗口”中，双击“学生基本情况查询”，会出现如图 4-12 所示的输入参数值对话框，输入相应的参数值后点击“确定”，.即可得到如图 4-13 所示的结果。

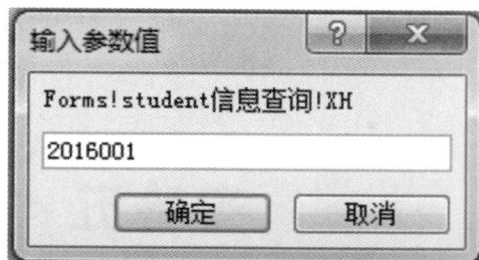

图 4-12　输入参数值

图 4-13　运行结果

【实验总结】

实验思考题：

1. 查询有什么作用和功能？

2. 查询有哪几种视图方式？各种视图方式的优点是什么？

实验五 报表设计

【实验目的】

掌握 Access 2010 报表的基本创建方法，认识报表的各种布局。

【实验要求】

完成 "teacher 基本信息" 报表和 "授课信息" 报表的创建。

【实验准备】

掌握报表创建的基本信息。

【实验步骤】

1. 创建 "teacher 基本信息" 报表
（1）打开 "教学管理系统" 数据库后，在 "导航窗口" 中选定 "teacher" 表作为数据源。

（2）选择"创建"选项卡上"报表"组中"报表"按钮。

（3）系统将自动创建如图5-1所示的报表。

BH	XM	XB	CSRQ	SZYX	ZC	LB	PASSWORD
2001	张伟	男	1960/7/6	会计学院	教授		123456
3001	孙迪	女	1970/7/30	会计学院	副教授		543543

共 1 页，第 1 页

图5-1　"teacher基本信息"报表

（4）点击保存，会弹出"另存为"的对话框，将报表命名为"teacher基本信息表"并单击确认。可以点击"视图"中的"打印预览"在预览视图中查看。

2. 创建"授课信息"报表

（1）打开数据库，选择"创建"选项卡，单击"报表"组中的"报表向导"。

（2）会弹出报表向导对话框，从"表/查询"下拉菜单中选择"表：teacher"，双击"可用字段"中的"BH""XM""ZC"这几个选项，再依次选择"js"和"course"表中的"KCBH""KCMC""XF"，如图5-2所示。

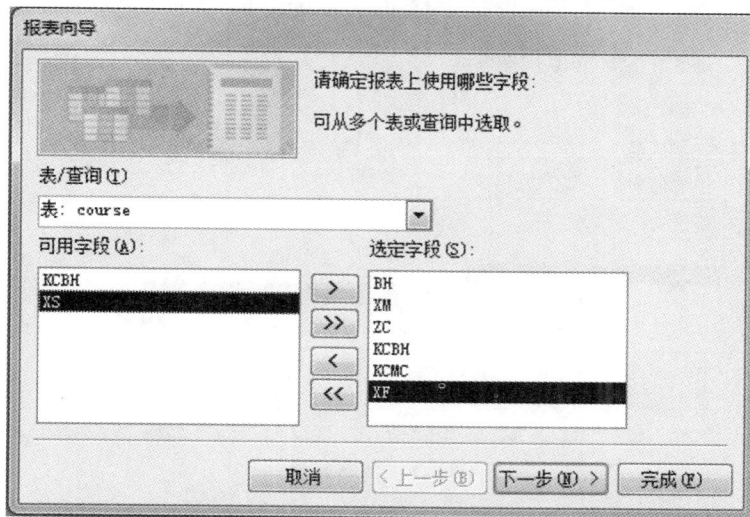

图5-2　选项选择

（3）单击"下一步"，确定查看数据的方式，保留默认设置。

（4）单击"下一步"，进入添加分组级别的对话框，这里也保留默认值。

（5）单击"下一步"，确定明细信息使用的排序和汇总信息，选择"KCBH"字段"升序"排列。

（6）单击"下一步"，确定报表的布局方式，这里保留默认值"递阶"和

"纵向"。

（7）单击"下一步"，更改指定标题为"授课信息"，单击完成后会出现如图5-3所示的报表。

图5-3   "授课信息"报表

3. 创建"学生成绩汇总"报表

（1）打开数据库，选择"创建"选项卡，单击"报表"组中的"报表向导"。

（2）会弹出报表向导对话框，从"表/查询"下拉菜单中选择"表：student"，双击"可用字段"中的"XH""XM"这两个选项，再依次选择"xx"和"course"表中的"KCBH""KCMC""CJ"，如图5-4所示。

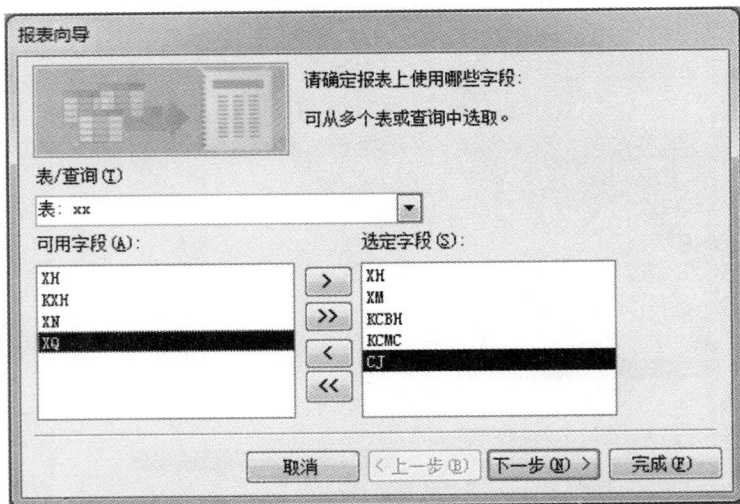

图5-4   选项添加

（3）单击"下一步"，确定查看数据的方式，保留默认设置。

（4）单击"下一步"，进入添加分组级别的对话框，这里也保留默认值。

（5）单击"下一步"，确定明细信息使用的排序和汇总信息，选择"KCBH"字段"升序"排列，点击"汇总选项"，选中"汇总"选项，点击"确定"，如图5-5所示。

（6）单击"下一步"，确定报表的布局方式，这里保留默认值"递阶"和"纵向"。

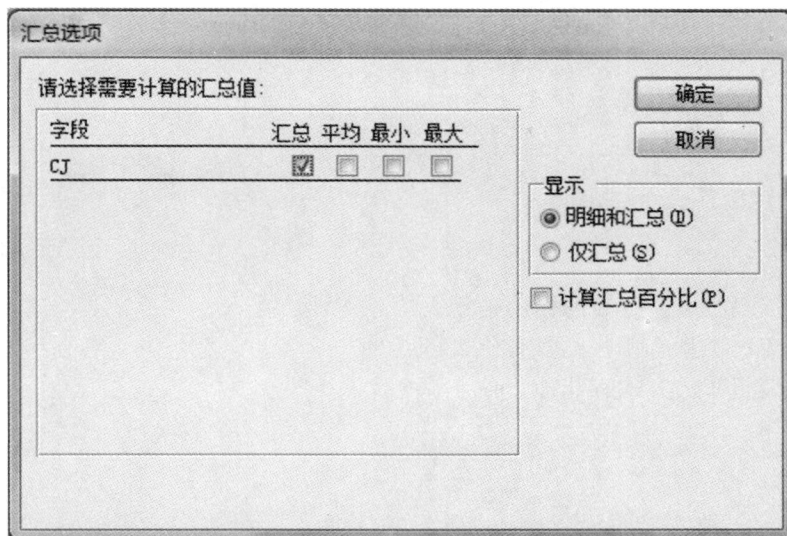

图 5-5　汇总选择

（7）单击"下一步"，更改指定标题为"学生成绩汇总"，单击完成后会出现如图 5-6 所示的图表。

图 5-6　学生成绩汇总

【实验总结】

实验思考题：

1. 什么是报表？报表的作用是什么？

2. 报表的类型有哪些？各有什么特点？

3. 创建报表的方式有几种？各有哪些优缺点？

体验式实验篇

　　管理信息系统是一门理论性、实践性极强的课程。针对财经院校管理类专业的特点，在对学生进行理论教学的同时，更应该重视学生的实际操作能力。本教材以用友 ERP-U8 为例，用独立的章节来专门介绍实际的信息系统操作过程，我们称之为体验式实验。所谓体验式实验，就是通过设计针对具体系统、具体案例的操作实验，让学生亲自感受企业中信息的处理过程和信息系统的操作方法。这样的实验使学生在实践操作过程中加深对理论知识的理解，摆脱了理论知识的枯燥性。本部分设计了五个实验，每一个实验都设计了实际的业务数据，详细讲解了具体的操作步骤，五个实验是环环紧扣并按顺序进行的。具体内容如下：

　　● 系统初始化：用友 ERP-U8 是一个集成化的工作环境，在使用用友 ERP-U8 进行业务处理时，第一步就是系统初始化工作，这是实现财务管理、人力资源管理、供应链管理等功能的基础工作，是使用用友 ERP-U8 软件解决实际问题的基础，是不可缺省的操作步骤。通过实验，学生需要熟悉系统的启动操作方法、系统操作员的添加及权限分配方法、企业账套信息输入和修改的方法、账套的备份方法。

　　● 基础信息准备：本部分是在系统初始化的基础上，对企业的基本信息进行建立的实验，包括系统启用方法，部门信息、职员信息、客户信息、供应商信息、凭证类别、会计科目、结算方式、开户银行等信息的设置操作，这些信息是企业的基础信息，是通过 ERP-U8 对企业进行信息管理的基础。

　　通过以上两个实验，学生能够认识到在使用管理信息系统辅助企业管理时，基础信息的充分准备、信息的科学规范是十分必要的，对于管理信息系统能否真正发挥作用是非常关键的。

　　● 工资系统初始化：要求掌握根据不同企业的需要建立工资账套、建立工资类别、建立人员类别、设置工资项目和计算公式的方法。了解工资账套与企业账套的区别。

　　● 工资业务处理：包括管理所有人员的工资数据，并对平时发生的工资变动进行调整；自动计算个人所得税，结合工资发放形式进行扣零处理或向代发的银行传输工资数据；自动计算、汇总工资数据；自动完成工资分摊、计提、转账业务。

　　● 工资数据统计分析：要求熟悉查询有关账表资料并进行统计分析的方法，包括按多种条件查询总账、日记账及明细账等，生成各种统计分析报表。

　　以上三个实验以 ERP-U8 财务系统中相对独立的模块——工资系统为例，详细实验了使用管理信息系统进行一个完整的企业业务处理过程。从实验过程中学生能够体会到管理信息系统在辅助企业管理中的高效率和便捷性。

实验六　系统初始化

【实验目的与要求】

掌握企业在应用用友 U8 进行信息管理时，进行系统初始化工作的方法和流程，这是进行财务管理、人力资源管理、供应链管理等的基础工作。熟悉系统的启动操作、系统操作员的添加及权限分配方法、企业账套信息输入和修改的方法、账套的备份方法。

【实验准备】

需要 Windows XP 系统，安装 SQL SERVER 数据库、用友 U8 系统，准备好实验所需数据。学生应该先修财务会计、管理信息系统等课程，了解相关业务知识。熟练掌握计算机基本操作，了解网络、数据库基本知识。将系统日期修改为 2008 年 1 月 31 日。

【实验内容及资料】

1. 启动系统管理
以 "admin" 的身份进行注册。

2. 添加四位操作员

M001 刘伟

M002 周学仁

M003 秦涛

M004 王勃

3. 分配操作员权限

（1）操作员刘伟、王勃为"账套主管"。

（2）操作员周学仁：拥有"公用目录设置""应收""应付""采购管理""销售管理""库存管理""存货核算"中的所有权限。

（3）操作员秦涛：拥有"公用目录设置""库存管理""存货核算"中的所有权限。

4. 建立账套信息

（1）账套信息：账套号111，输入账套名称，启用日期为2008年1月。

（2）单位信息：单位名称为"XXX电脑公司"，单位简称为"XXX"，税号为212256437345。

（3）核算类型：

①企业类型为"工业"。

②行业性质为"新会计制度科目"。

③科目预置语言为"中文简体"。

④账套主管选"王勃"。

⑤按行业性质预置科目。

（4）基础信息：存货、客户及供应商均分类，有外币核算。

（5）编码方案（特别注意编码方案的设置，否则影响后续操作）：

①客户分类和供应商分类的编码方案为2。

②部门编码的方案为12。

③存货分类的编码方案为2233。

④收发类别的编码级次为11。

⑤结算方式的编码方案为2。

⑥其他编码项目保持不变。

说明：设置编码方案主要是为以后分级核算、统计和管理打下基础。

（6）数据精度：保持系统默认设置。

说明：设置数据精度主要是为了核算更精确。

【实验步骤】

首先将计算机系统时间改为 2008-01-31！

1. 设置操作员

设置操作员的工作应由系统管理员（admin）在"系统管理"功能中完成。

操作步骤：

（1）单击"开始"按钮，依次指向"程序"｜"用友 ERP-U8"｜"系统服务"｜"系统管理"，打开"系统管理"窗口，如图 6-1 所示。

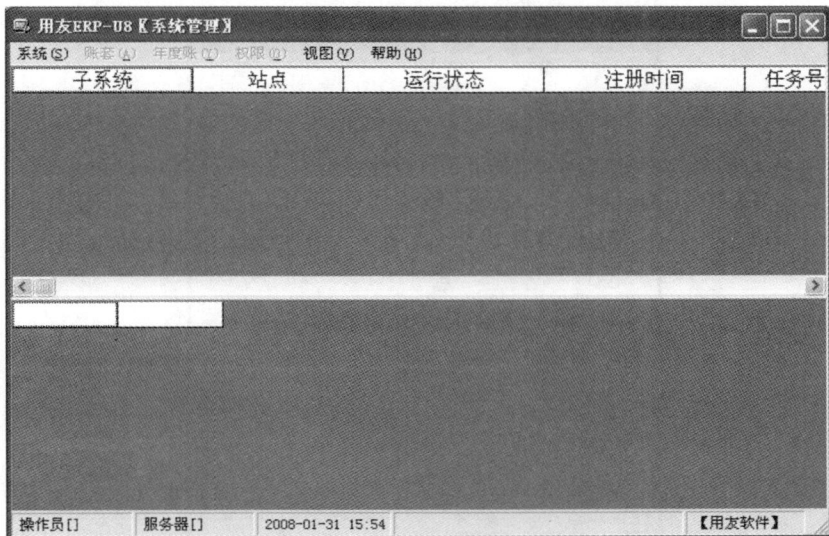

图 6-1　系统管理

（2）在"系统管理"窗口中，单击"系统"｜"注册"，出现"注册系统管理"对话框。

（3）在"注册系统管理"对话框中，输入操作员"admin"，单击"确定"。

（4）单击"权限"｜"用户"，打开"用户管理"对话框，如图 6-2 所示。

（5）在"用户管理"对话框中，单击"增加"按钮，出现"增加用户"对话框，录入编号"M001"、姓名"刘伟"、口令及确认口令（口令为 123），单击"账套主管"前复选框，选中账套主管，如图 6-3 所示。

（6）单击"增加"按钮。依此方法设置其他三个操作员周学仁、秦涛、王勃，三个人密码都为 123，如图 6-4 所示（注意：这三个用户不用设置角色，在后面将要进行的修改权限中设置其权限）。

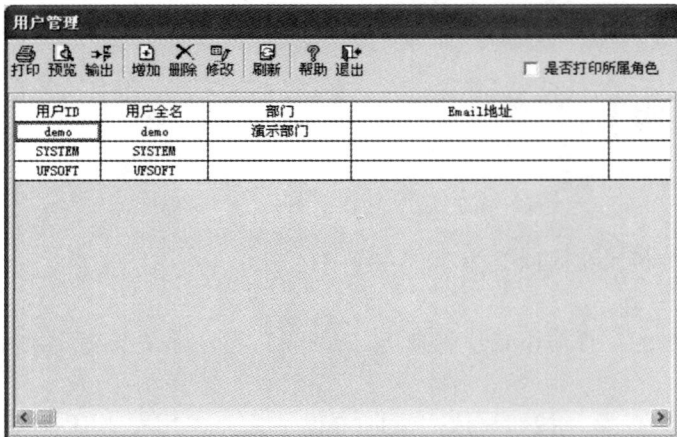

图 6-2   用户管理

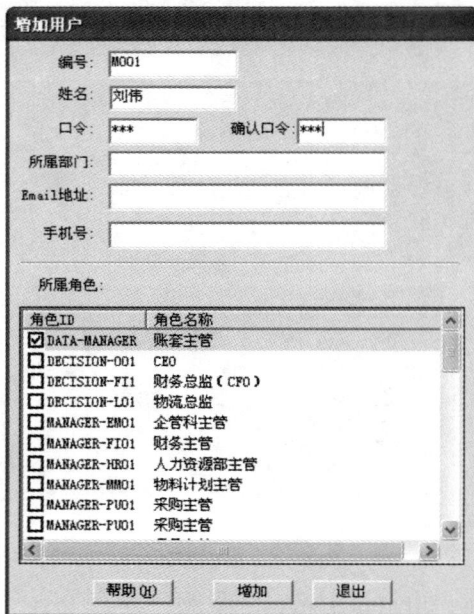

图 6-3   设置操作员（一）

2. 建立账套（注意：如果重建账套，账套号不能重复，账套也不能删除）

建立账套的工作应由系统管理员（admin）在"系统管理"功能中完成，包括设置账套信息、单位信息、核算类型、基础信息及确定分类编码方案和数据精度。

操作步骤：

（1）在系统管理窗口中，单击"账套"｜"建立"，打开"账套信息"对话框。

（2）录入账套号"111"，账套名称"XXX 电脑公司"，设置账套路径，如图 6-5 所示。

（3）单击"下一步"，打开"单位信息"对话框，录入单位信息，如图 6-6 所示。

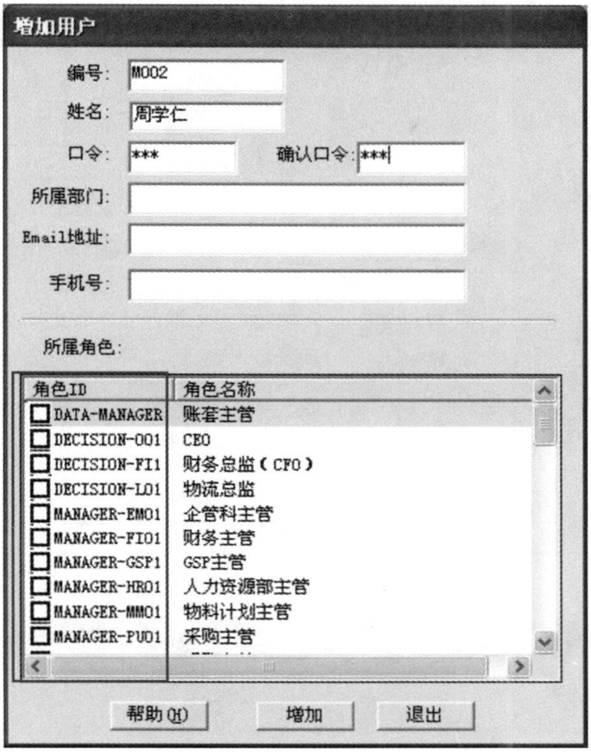

图 6-4 设置操作员(二)

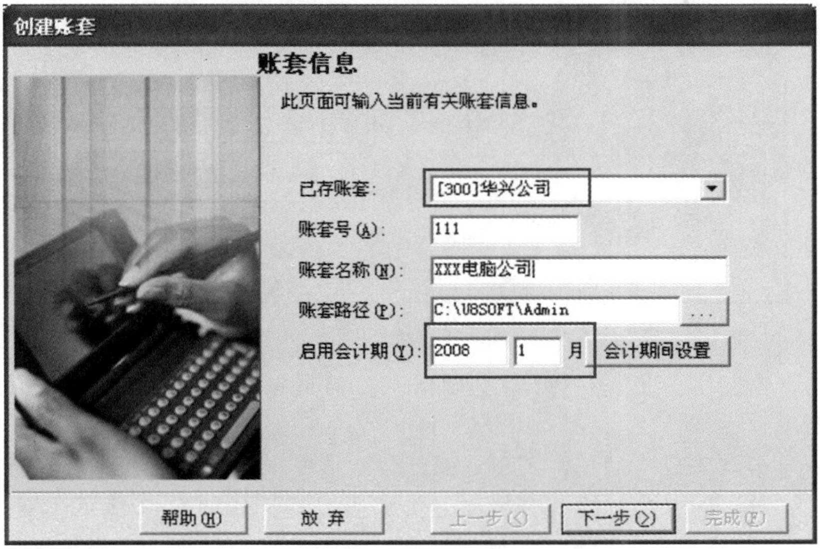

图 6-5 账套信息

(4)单击“下一步”,打开“核算类型”对话框,按照材料设置相应信息,如图 6-7 所示。

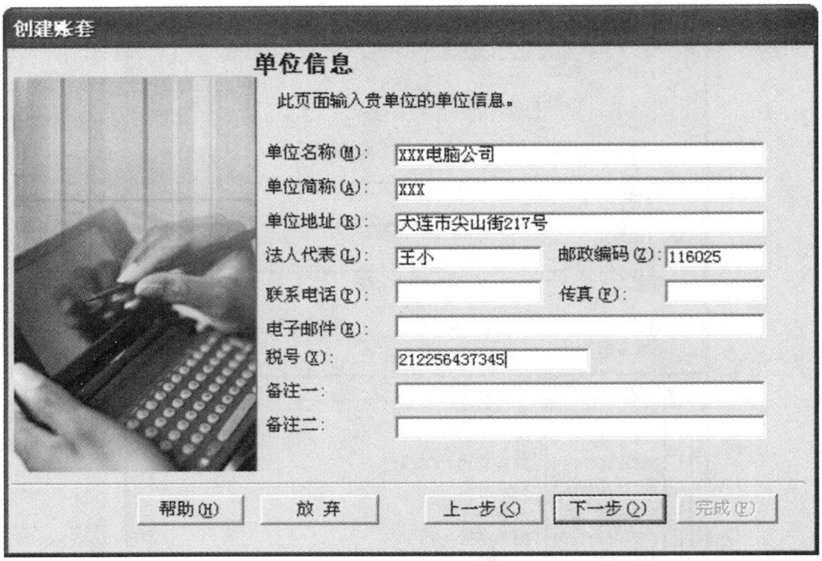

图 6-6 单位信息

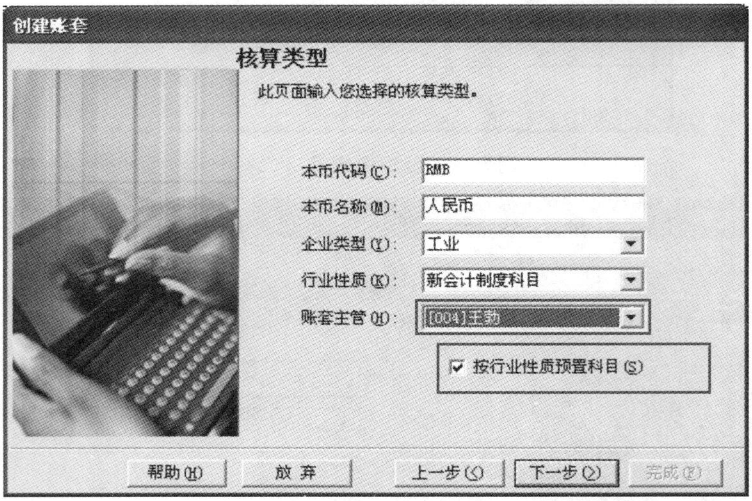

图 6-7 核算类型

（5）单击"下一步"，打开"基础信息"对话框，按材料录入相关信息，如图 6-8 所示。

（6）单击"完成"后单击"创建账套"对话框中的"是"按钮，打开"分类编码方案"对话框，按所给资料修改分类编码方案，如图 6-9 所示。修改完后，点击"保存"，再点击"退出"（特别注意：编码方案的设置，严格按照试验内容中的要求设置，否则影响后续操作）。

① 客户分类的编码级次为 2。

② 供应商分类的编码级次为 2。

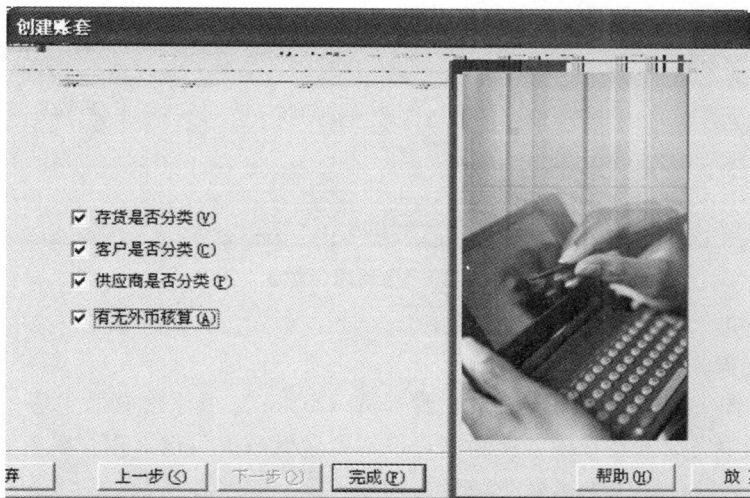

图 6-8 基础信息

图 6-9 分类编码方案

③ 存货分类的编码级次为 2233。

④ 部门编码级次为 12。

⑤ 结算方式的编码级次为 2。

⑥ 收发类别的编码级次为 11。

⑦ 其他编码项目保持不变。

（7）单击"确认"进入"数据精度定义"对话框，保持默认设置，单击"确认"后，出现"创建账套"的提示对话框，如图6-10所示。

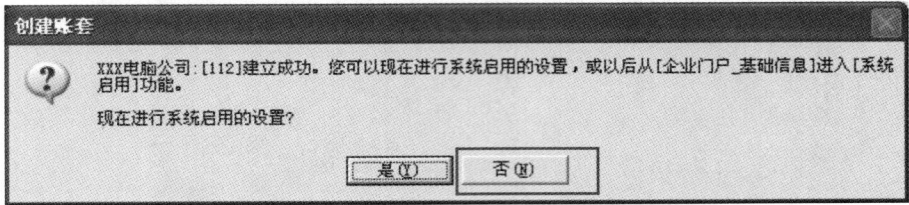

图 6-10   启用账套提示

（8）单击"否"，结束建账套过程。

3. 设置操作员权限

设置操作员权限的工作应由系统管理员（admin）或该账套的主管，在"系统管理"功能中完成。在权限功能中既可以对角色赋权又可以对用户赋权。

查看王勃是否是111账套的账套主管。

操作步骤：

（1）在"系统管理"窗口中，单击"系统" | "注册"（如果"注册"为不可选，则先选择"注销"，然后再选择"注册"），出现"注册系统管理"对话框。在"注册系统管理"对话框中，输入操作员"admin"，单击"确定"。

（2）在系统管理窗口中，单击"权限" | "权限"，打开"操作员权限"对话框。在"操作员权限"对话框中选中操作员"王勃"。

（3）选中"账套主管"，并在下拉列表框中选中"111"账套，如图6-11所示。

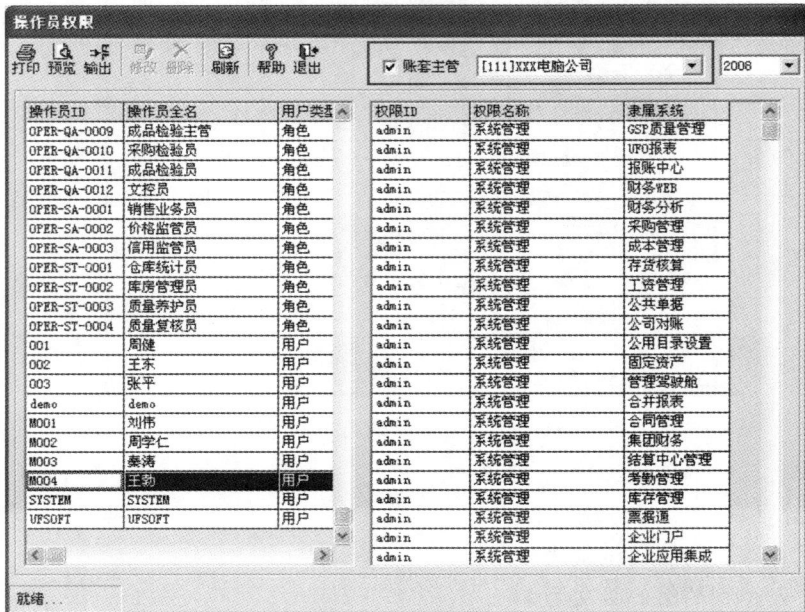

图 6-11   操作员权限（一）

设置其他操作员的权限，以"周学仁"为例。

操作步骤：

（1）在操作员窗口中，选中操作员"周学仁"。

（2）在"账套"的下拉列表框中选中"111"账套。

（3）单击"修改"按钮，打开"增加和调整权限"对话框，如图6-12所示。

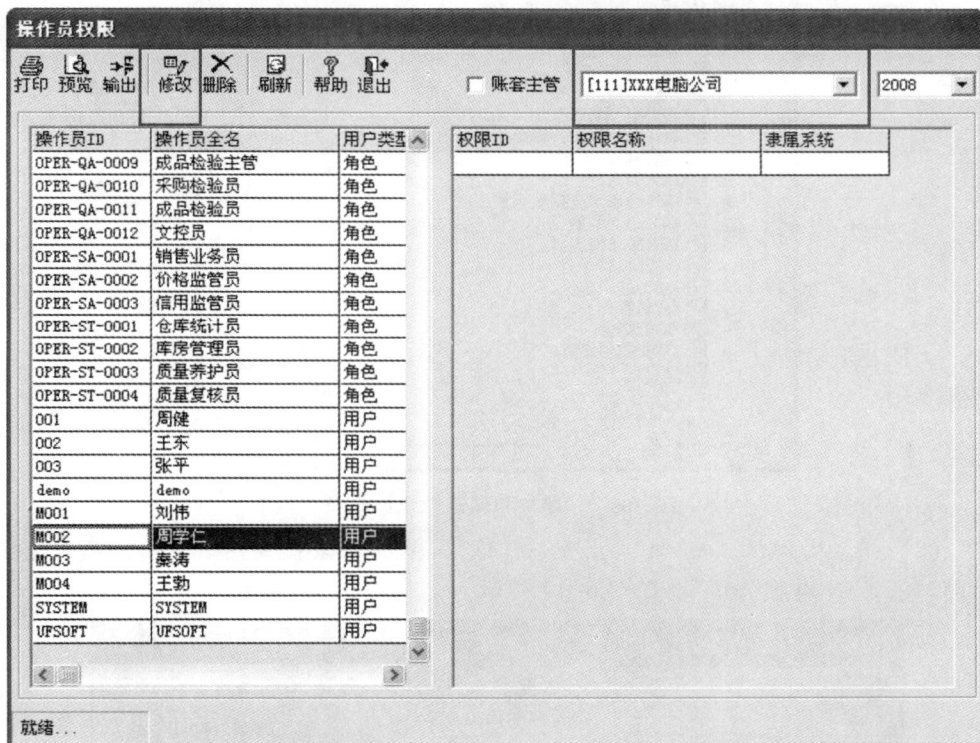

图 6-12　操作员权限（二）

（4）在"增加和调整权限"对话框中，单击"（AS）公用目录设置""（AP）应付""（AR）应收""（PU）采购管理""（SA）销售管理""（IA）存货"核算前的复选框，如图6-13所示。

（5）单击"确定"。

操作员秦涛的权限设置：拥有"公用目录设置""库存管理""存货核算"中的所有权限。

4. 修改账套

修改账套的工作应由账套主管，在"系统管理"的"账套"｜"修改"功能中完成。

操作步骤：

（1）在系统管理窗口中，单击"系统"｜"注册"，打开"注册系统管理"对话框。

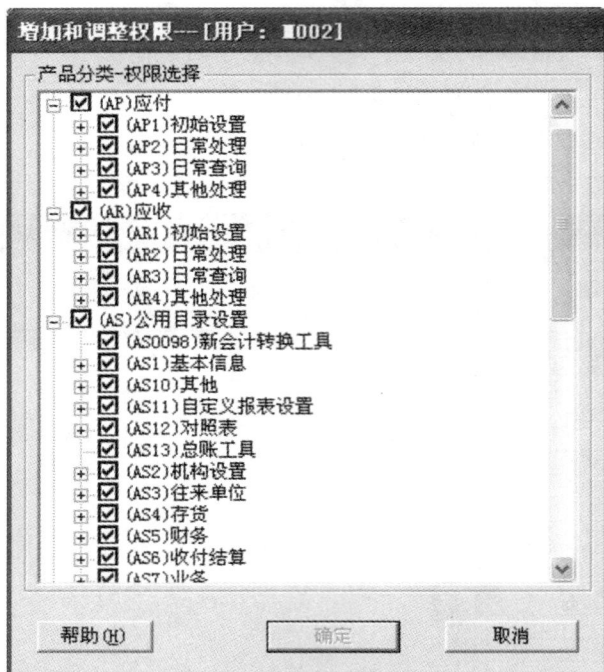

图 6-13　增加和调整操作员权限

（2）录入操作员"M004"，密码"123"，单击"账套"栏下三角按钮，选择"［111］XXX 电脑公司"，如图 6-14 所示。

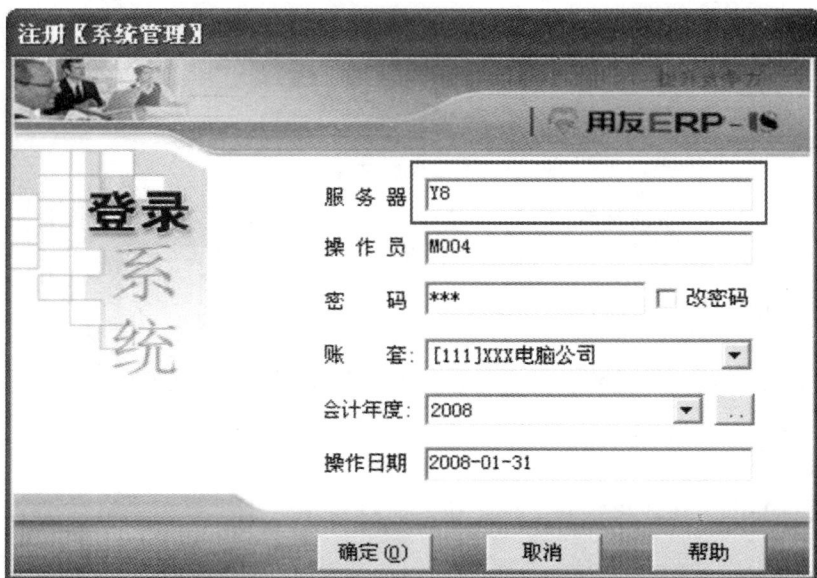

图 6-14　注册"系统管理"

（3）单击"确定"按钮，打开由 111 账套主管注册的"系统管理"窗口。在

"系统管理"窗口中,单击"账套"|"修改",打开"修改账套"对话框。按提示修改账套,操作方法与建立账套类似,其余步骤从略。

5. 账套备份

备份账套的工作应由系统管理员(admin),在"系统管理"的"账套"|"输出"功能中完成。

操作步骤:

(1)在d盘"备份"文件夹中建立"111账套备份"文件夹,再在"111账套备份"文件夹中新建"1核算体系建立"文件夹。

(2)在"系统管理"窗口中,单击"系统"|"注册",出现"注册系统管理"对话框。在"注册系统管理"对话框中,输入操作员"admin",单击"确定"。

(3)在系统管理窗口中,单击"账套"|"输出",打开"账套输出"对话框,如图6-15所示。

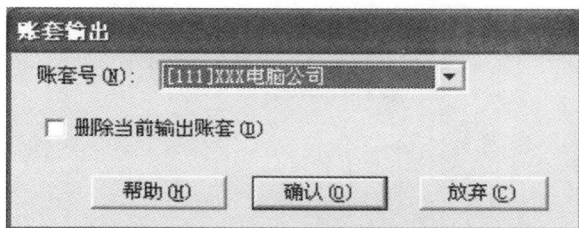

图6-15 账套输出

(4)单击"账套号"栏下三角按钮,选择"111电脑公司"。

(5)单击"确认"按钮,打开"选择备份目标"对话框,选择d:\备份\111账套备份\1核算体系建立\,如图6-16所示。

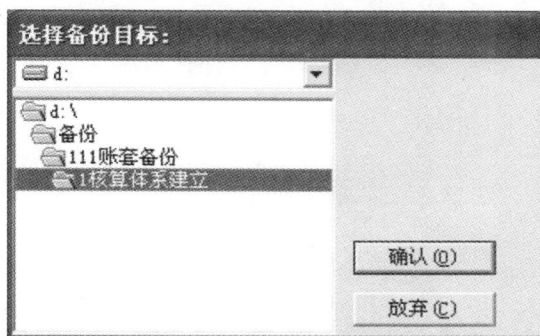

图6-16 选择备份目标

(6)单击"确认"按钮,出现"账套备份完毕"对话框,单击"确定"按钮。

6. 账套引入(这一步暂时不需要做,需要引入账套时参考)

引入账套的工作应由系统管理员(admin),在"系统管理"的"账套"|

"引入"功能中完成。

【实验总结】

- -

　　本部分进行了用友 U8 系统初始化实验，通过实验了解用友 U8 系统初始化的内容和创建流程。掌握账套的含义、建立及修改方法，操作员的创建及权限分配，账套的备份方法。这些是最基本的操作，是使用用友 U8 软件解决实际问题的基础，是不可缺省的操作步骤。

实验七　基础信息准备

【实验目的与要求】

　　了解在使用信息系统之前基础信息准备的必要性，熟悉企业基本信息输入的常见内容。掌握在系统初始化以后，各种基础信息的输入和修改方法，包括部门、职员、客户、供应商、凭证类别、会计科目、结算方式、开户银行等信息的定义、添加、修改、删除的操作方法。掌握系统的启用方法。

【实验准备】

　　已完成了实验一的操作，引入"d：\ 备份 \ 111 账套备份 \ 1 核算体系建立 \"文件夹中的账套备份数据，将系统日期修改为"2008 年 1 月 31 日"（如果实验连续进行，这一步不需要做）。

【实验内容及资料】

　　1. 设置部门信息（见表 7-1）

表 7-1   部门信息

部门编码	部门名称	成立日期
1	生产部	2008 年 1 月 1 日
101	生产一部	2008 年 1 月 1 日
102	生产二部	2008 年 1 月 1 日
2	工程部	2008 年 1 月 1 日
3	采购部	2008 年 1 月 1 日
301	采购一部	2008 年 1 月 1 日
302	采购二部	2008 年 1 月 1 日
4	业务部	2008 年 1 月 1 日
401	业务一部	2008 年 1 月 1 日
402	业务二部	2008 年 1 月 1 日
5	管理部	2008 年 1 月 1 日
6	财务部	2008 年 1 月 1 日
7	仓储部	2008 年 1 月 1 日
8	计划部	2008 年 1 月 1 日
9	质量管理部	2008 年 1 月 1 日

2. 设置人员信息（见表 7-2）

表 7-2   人员信息

人员编码	人员名称	部门编码	部门名称	人员类别	性别	业务或费用部门	说明
10101	王齐	101	生产一部	在职人员	男	生产一部	生产管理
30101	倪雪	301	采购一部	在职人员	女	采购部	采购管理
40101	李飞	401	业务一部	在职人员	男	业务一部	业务审核
40102	雷磊	401	业务一部	在职人员	男	业务一部	销售
40201	何亮	402	业务二部	在职人员	男	业务一部	销售
50001	李方	5	管理部	在职人员	女	财务部	财务管理
60001	宋明兰	6	财务部	在职人员	女	财务部	会计
60002	王小平	6	财务部	在职人员	男	财务部	会计
70001	肖遥	7	仓储部	在职人员	男	仓储部	库存管理
90001	张小铃	9	质量管理部	在职人员	女	质量管理部	质量管理员

3. 客户分类设置（见表7-3）

表7-3　　　　　　　　　　　　　客户分类

分类编码	分类名称
01	批发
02	零售
03	代销
04	专柜

4. 客户信息设置（见表7-4）

表7-4　　　　　　　　　　　　　客户信息

客户编码	客户简称	所属分类	税号	开户银行	账号
0001	科宏公司	批发	312231222	工行	12076584899
0002	好利公司	批发	315789000	中行	12378901467
0003	爱克发公司	专柜	316790234	建行	15845689075
0004	领先公司	代销	310098909	农行	76334788943

注意：当客户的基本信息编辑完成并保存后，方可使用银行的编辑功能，来编辑此客户的银行信息。

5. 供应商分类设置（见表7-5）

表7-5　　　　　　　　　　　　供应商分类

分类编码	分类名称
01	原料供应商
02	成品供应商
03	委外供应商
04	其他

6. 供应商信息设置（见表7-6）

表7-6　　　　　　　　　　　　供应商信息

供应商编码	供应商简称	所属分类	税号
DTGS	大通公司	原料供应商	313765344
HMGS	华贸公司	成品供应商	313578954
XLGS	喜力公司	成品供应商	314567689
RDGS	荣德公司	委外供应商	318790658
QDGS	千达公司	其他	319077664

7. 设置会计科目

（1）应收账款、预收账款：辅助核算设置为"客户往来"。

（2）应付账款、预付账款：辅助核算设置为"供应商往来"。

8. 凭证类别设置

定义凭证类别为"收款凭证　付款凭证　转账凭证"。

9. 结算方式设置（见表7-7）

表7-7　　　　　　　　　　　　　　结算方式

编码	名称
01	现金结算
02	支票结算
03	汇票结算

10. 本企业开户银行设置（见表7-8）

表7-8　　　　　　　　　　　　　　开户银行

编码	银行账号	币种	开户银行
01	13908765553	RMB	建行

【实验步骤】

1. 各系统的启用

（1）核算体系建立后直接启用产品，或者启动企业应用平台，以账套主管M004王勃身份进行注册后启用产品。

（2）启用"应收""应付""总账""工资管理""固定资产"系统。启用日期为2008-01-01。

操作步骤：

（1）单击"开始"按钮，依次指向"程序"｜"用友ERP-U8"｜"企业门户"。

（2）单击"企业门户"，打开"注册企业门户"对话框，录入操作员"M004"，密码"123"，选择账套栏中的"［111］XXX电脑公司"。单击"确定"按钮，打开"用友ERP-U8门户"窗口，如图7-1所示。

（3）单击"基础信息"，双击"基本信息"，打开"基本信息"窗口。在"基本信息"窗口中，双击"系统启用"，打开"系统启用"窗口，选中"应收""应付""总账""固定资产""工资管理"前的复选框，如图7-2所示。

（4）设置启用会计期间"2008-01"后单击"确定"按钮，出现提示信息："确实要启用当前系统吗？"单击提示信息中的"是"按钮，完成选中的三个系统的启用，如图7-3所示。

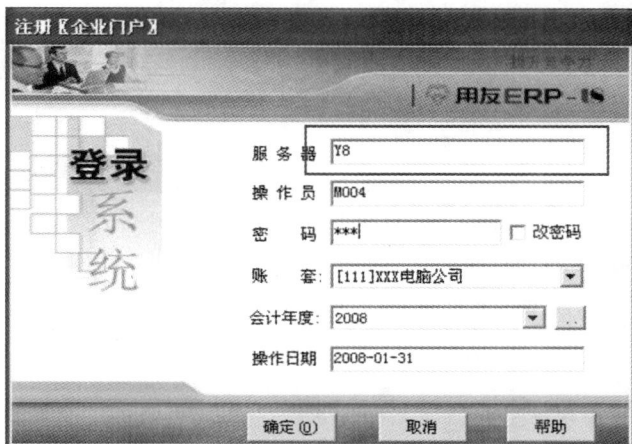

图 7-1　注册"企业门户"

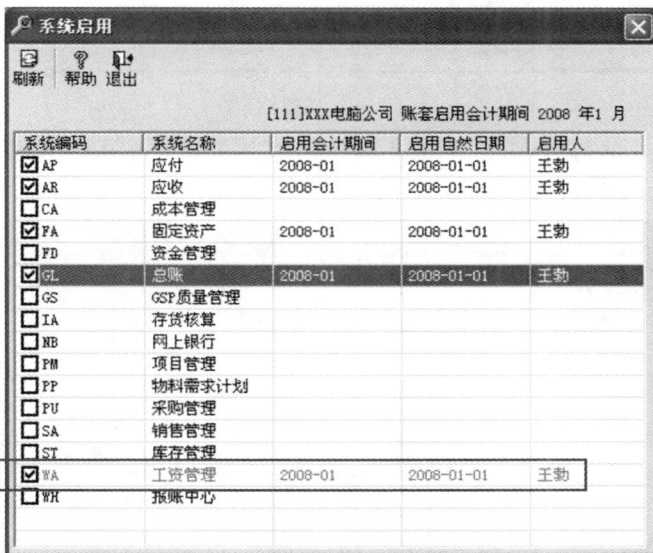

图 7-2　系统启用

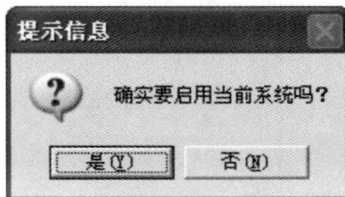

图 7-3　系统启用提示信息

2. 设置部门档案

操作步骤:

(1) 在"用友 ERP-U8 门户"的"基础信息"窗口中,双击"基础档案",打开"基础档案"窗口，如图 7-4 所示。

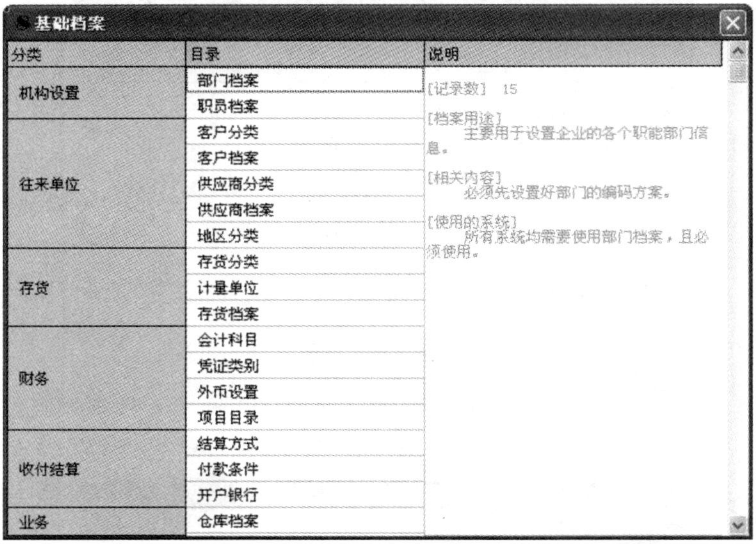

图 7-4　基础档案

（2）双击"部门档案"，打开"部门档案"窗口，单击"增加"按钮，录入部门编码"1"、部门名称"生产部"，如图 7-5 所示。

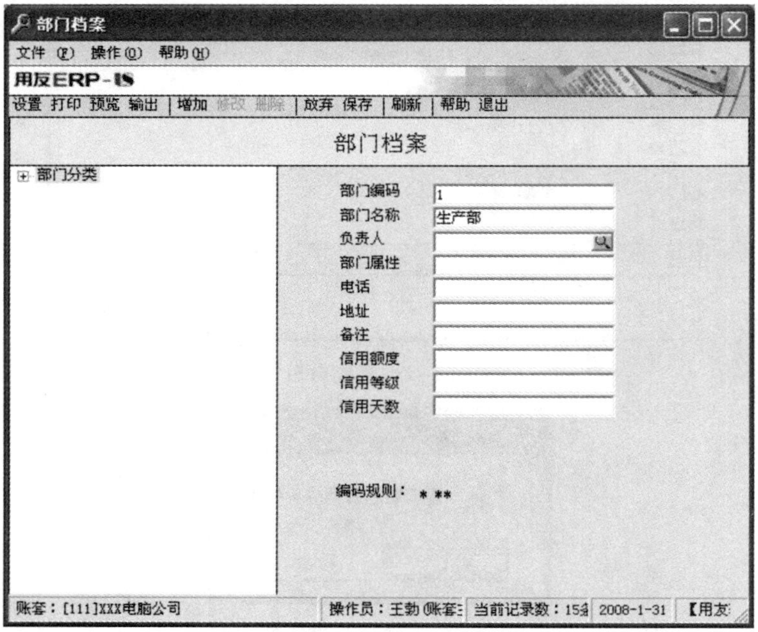

图 7-5　部门档案

（3）单击"保存"按钮。依此方法依次录入其他的部门档案（注意内容添加完全，内容见表 7-9）。

表 7-9 部门信息

部门编码	部门名称
1	生产部
101	生产一部
102	生产二部
2	工程部
3	采购部
301	采购一部
302	采购二部
4	业务部
401	业务一部
402	业务二部
5	管理部
6	财务部
7	仓储部
8	计划部
9	质量管理部

3. 设置职员档案

操作步骤：

（1）在"基础档案"窗口中，双击"职员档案"，打开"职员档案"窗口。

（2）单击左窗口中"部门职员"下的"生产一部"。

（3）单击"增加"按钮，依次录入职员编码"10101"、职员名称"王齐"，如图 7-6 所示。

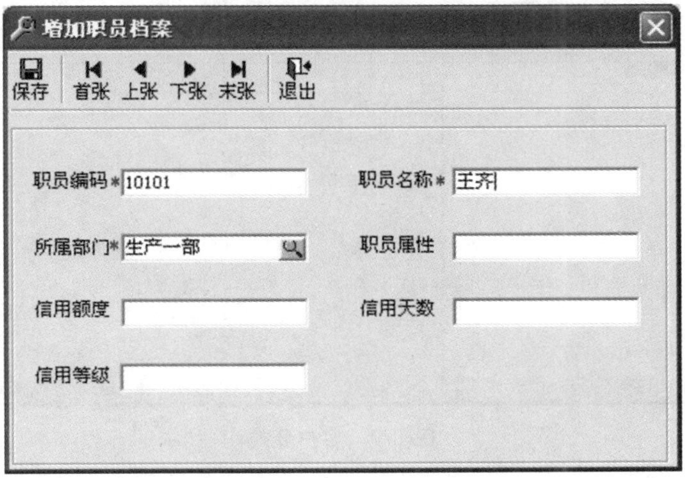

图 7-6 职员档案

（4）单击"保存"按钮。依此方法依次录入其他的职员档案（注意内容添加完全，内容见表7-10）。

表7-10 人员信息

人员编码	人员名称	部门编码	部门名称	人员类别	性别
10101	王齐	101	生产一部	在职人员	男
30101	倪雪	301	采购一部	在职人员	女
40101	李飞	401	业务一部	在职人员	男
40102	雷磊	401	业务一部	在职人员	男
40201	何亮	402	业务二部	在职人员	男
50001	李方	5	管理部	在职人员	女
60001	宋明兰	6	财务部	在职人员	女
60002	王小平	6	财务部	在职人员	男
70001	肖遥	7	仓储部	在职人员	男
90001	张小铃	9	质量管理部	在职人员	女

4. 设置客户分类

操作步骤：

（1）在"基础档案"窗口中，双击"客户分类"，打开"客户分类"窗口。

（2）单击"增加"按钮，录入类别编码"01"、类别名称"批发"，如图7-7所示。

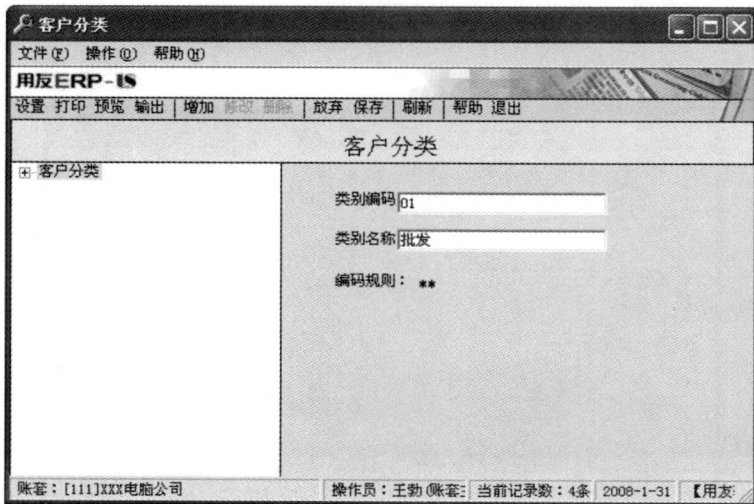

图7-7 客户分类

（3）单击"保存"按钮。依此方法依次录入其他的客户分类（注意内容添加完全，内容见表7-11）。

表 7-11   客户分类

分类编码	分类名称
01	批发
02	零售
03	代销
04	专柜

5. 设置客户档案

操作步骤:

（1）在"基础档案"窗口中，双击"客户档案"，打开"客户档案"窗口。

（2）单击左窗口中"客户分类"下的"批发"。

（3）单击"增加"按钮，录入客户编码"0001"、客户简称"科宏公司"，如图 7-8 所示。

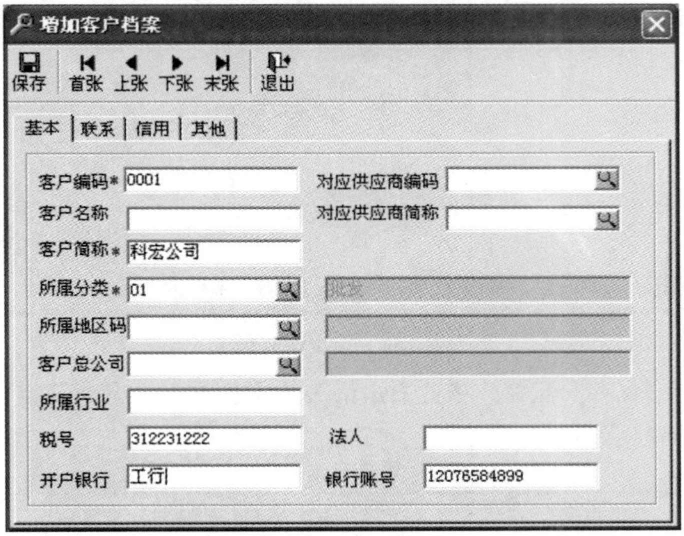

图 7-8　客户档案

（4）单击"保存"按钮。依此方法依次录入其他的客户档案（注意内容添加完全，内容见表 7-12）。

表 7-12   客户信息

客户编码	客户简称	所属分类	税号	开户银行	账号
0001	科宏公司	01 批发	312231222	工行	12076584899
0002	好利公司	01 批发	315789000	中行	12378901467
0003	爱克发公司	04 专柜	316790234	建行	15845689075
0004	领先公司	03 代销	310098909	农行	76334788943

6. 设置供应商分类

操作步骤：

（1）在"基础档案"窗口中，双击"供应商分类"，打开"供应商分类"窗口。

（2）单击"增加"按钮，录入供应商类别编码"01"、类别名称"原材料供应商"，如图7-9所示。

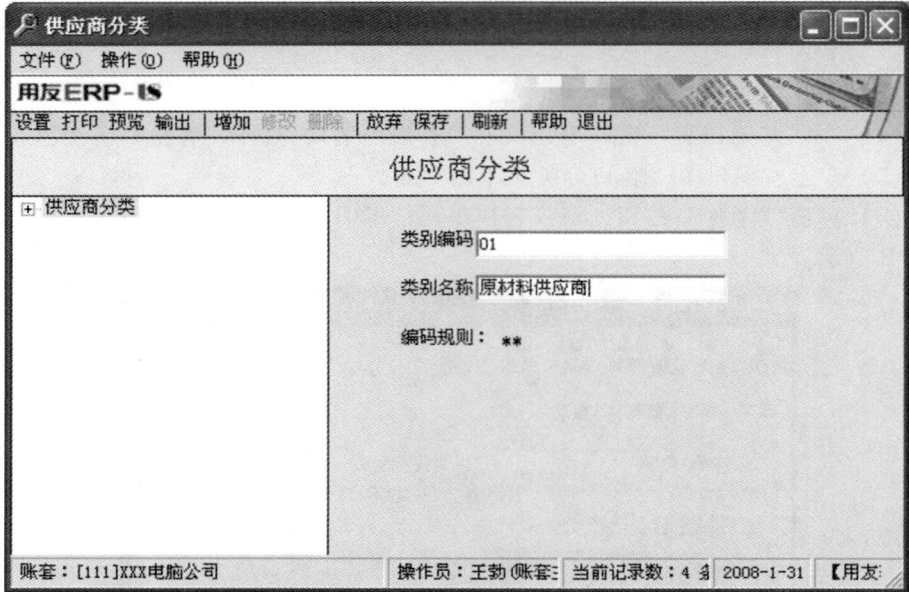

图7-9　供应商分类

（3）单击"保存"按钮。依此方法依次录入其他的供应商分类（注意内容添加完全，内容见表7-13）。

表7-13　供应商分类

分类编码	分类名称
01	原料供应商
02	成品供应商
03	委外供应商
04	其他

7. 设置供应商档案

操作步骤：

（1）在"基础档案"窗口，双击"供应商档案"，打开"供应商档案"窗口。

（2）单击左窗口中"供应商分类"下的"原材料供应商"。

（3）单击"增加"按钮，录入供应商编码"DTGS"、供应商简称"大通公司"，如图7-10所示。

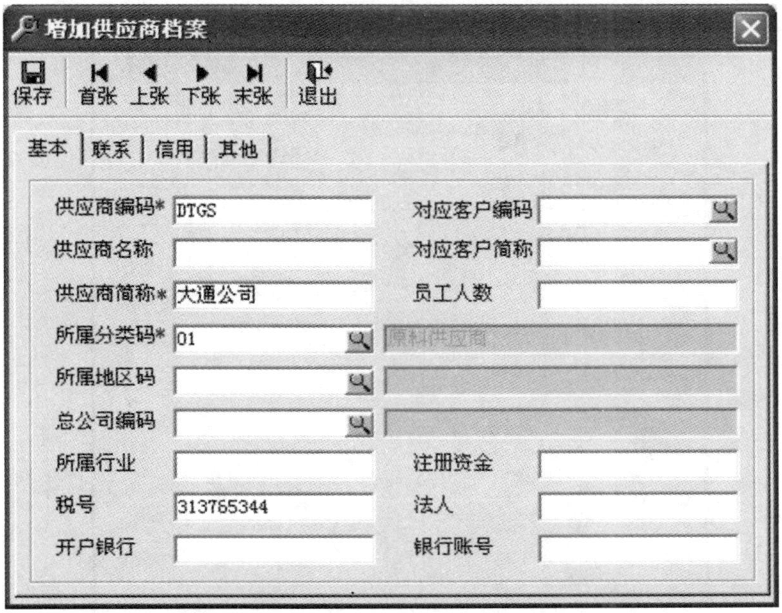

图 7-10 供应商档案

（4）单击"保存"按钮。依此方法依次录入其他的供应商档案（注意内容添加完全，内容见表 7-14）。

表 7-14　　　　　　　　　　　　　供应商信息

供应商编码	供应商简称	所属分类	税号
DTGS	大通公司	01 原料供应商	313765344
HMGS	华贸公司	02 成品供应商	313578954
XLGS	喜力公司	02 成品供应商	314567689
RDGS	荣德公司	03 委外供应商	318790658
QDGS	千达公司	04 其他	319077664

8. 设置会计科目

操作步骤：

（1）在"基础档案"窗口中，双击"会计科目"，打开"会计科目"窗口。

（2）选中"应收账款"，单击"修改"。

（3）打开"会计科目_修改"窗口，在"辅助核算"栏中，选中客户往来，如图 7-11 所示。

（4）依次按资料对预收账款、应付账款、预付账款进行辅助核算设置（注意内容添加完全，内容如下）。

会计科目：

● 应收账款，预收账款：辅助核算设置为"客户往来"。

● 应付账款，预付账款：辅助核算设置为"供应商往来"。

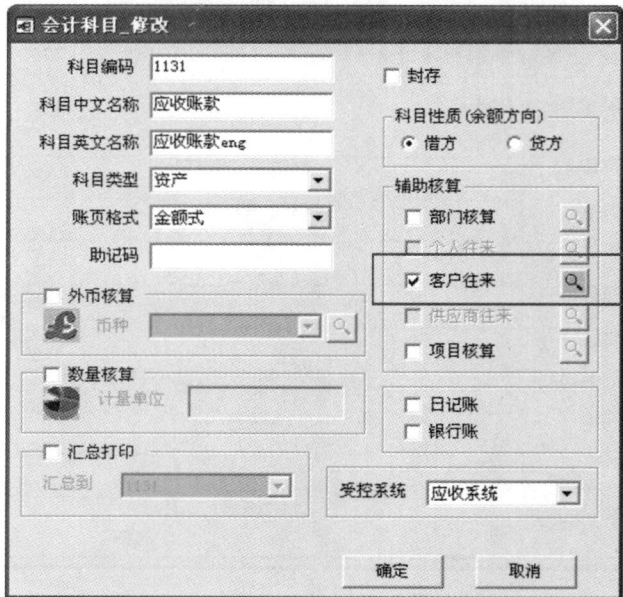

图 7-11　修改会计科目

9. 设置凭证类别

操作步骤：

（1）在"基础档案"窗口中，双击"凭证类别"，打开"凭证类别设置"窗口。

（2）选中"收款凭证　付款凭证　转账凭证"，单击"确定"按钮，如图 7-12 所示。

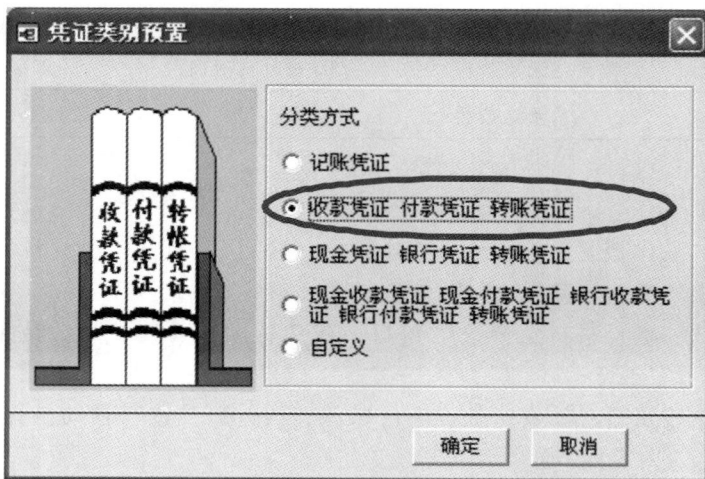

图 7-12　凭证类别

10. 定义结算方式

操作步骤：

（1）在"基础档案"窗口中，双击"结算方式"，打开"结算方式"窗口。

（2）单击"增加"按钮，录入结算方式编码"01"、结算方式名称"现金结算"，如图 7-13 所示。

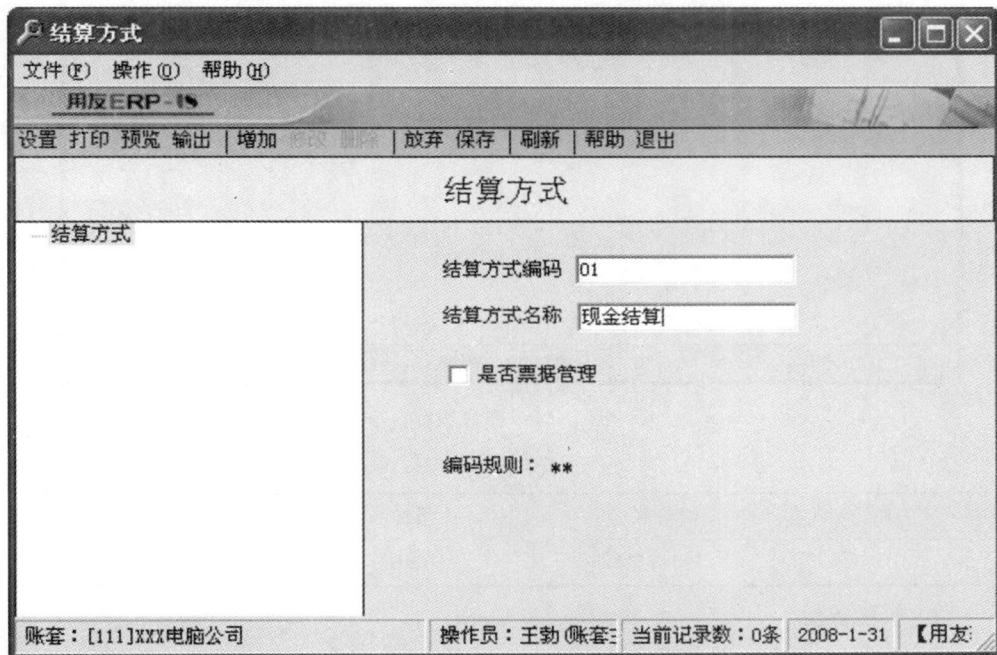

图 7-13　结算方式

（3）单击"保存"按钮，依此方法分别录入其他结算方式（注意内容添加完全，内容见表 7-15）。

表 7-15　　　　　　　　　　　　结算方式

编码	名称
01	现金结算
02	支票结算
03	汇票结算

11. 设置开户银行

操作步骤：

（1）在"基础档案"窗口中，双击"开户银行"，打开"开户银行"窗口。

（2）单击"增加"按钮，录入开户银行编码"01"、开户银行名称"建行"、开户银行账号"13908765553"，如图 7-14 所示（注意内容添加完全，内容见表7-16）。

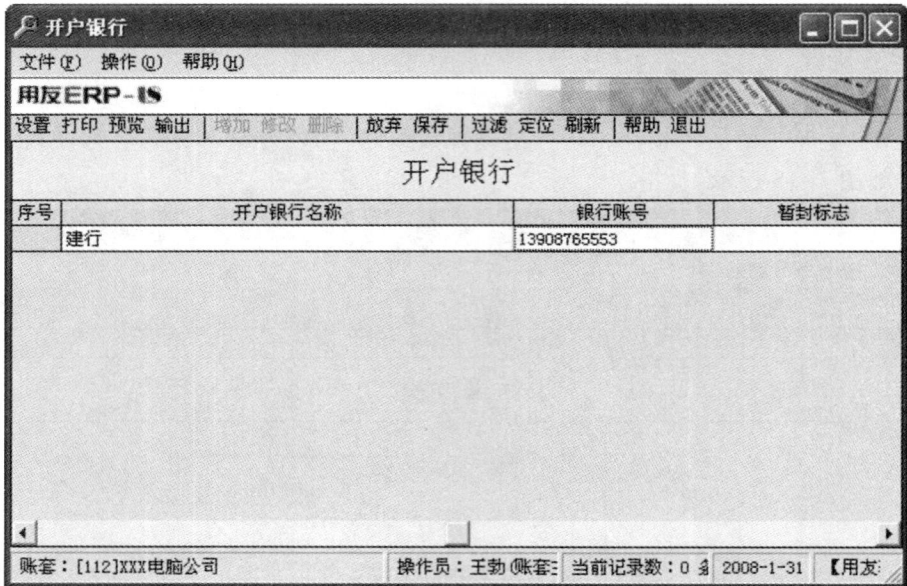

图 7-14　开户银行

表 7-16　　　　　　　　　　　　　　　　开户银行

编码	银行账号	币种	开户银行
01	13908765553	RMB	建行

12. 账套备份

操作步骤（注意：具体步骤与实验一相同）：

（1）在 d：\ 备份中建立"111 账套备份"文件夹，再在"111 账套备份"文件夹中新建"2 基础档案设置"文件夹。

（2）在"系统管理"窗口中，单击"系统"｜"注册"，出现"注册系统管理"对话框。在"注册系统管理"对话框中，输入操作员"admin"，单击"确定"。

（3）将账套输出至"2 基础档案设置"文件夹中。

【实验总结】

本部分是在系统初始化的基础上，对企业的基本信息建立的实验，包括系统启用、部门信息、职员信息、客户信息、供应商信息等的建立，这些是企业的基础信息，是通过用友 U8 对企业进行信息管理的基础，是应用用友 U8 进行财务管理、供应链管理等的基础。通过本实验，使学生能够认识到在使用管理信息系统辅助企业管理时，基础信息的充分准备、信息的科学规范是十分必要的，对于管理信息系统能否真正发挥作用是非常关键的。

实验思考题：

1. 为什么说基础信息的充分准备和科学规范对于发挥信息系统的作用非常重要？

2. 通过实验的具体操作过程，分析一个真实的工业企业的信息系统的基础信息设置还应该包括哪些内容。

实验八　工资系统初始化

【实验目的与要求】

了解工资系统管理的初始化内容及流程、工资核算的标准和依据，结合实际业务掌握基础信息的建立和设置方法。

【实验准备】

学习财务会计中关于工资账务处理的内容。已经完成了实验二的操作，引入"d：\ 备份 \ 111 账套备份 \ 2 基础档案设置"文件夹中备份账套，将系统日期修改为"2008 – 01 – 31"，注册进入企业门户（如果实验连续进行，这一步不需要做）。

【实验内容及资料】

1. 111 账套工资系统的参数设置

工资类别为多个，工资核算本位币为人民币，核算计件工资，自动代扣所得税，进行扣零设置且扣零到元，人员编码长度 5 位。

2. 人员附加信息设置

人员的附加信息为"性别"。

3. 人员类别设置

企业的人员类别为"在职人员"。

4. 工资项目设置（见表 8-1）

表 8-1 工资项目

工资项目名称	类型	长度	小数点	增减及其他
基本工资	数字	10	2	增项
岗位工资	数字	10	2	增项
计件工资	数字	10	2	增项
津贴	数字	10	2	增项
住房补贴	数字	8	2	增项
交补	数字	8	2	增项
加班工资	数字	8	2	增项
应发合计	数字	10	2	增项
病假天数	数字	3		其他
病假扣款	数字	8	2	减项
事假天数	数字	3		其他
事假扣款	数字	8	2	减项
扣公积金	数字	8	2	减项
扣款合计	数字	8	2	减项
扣税基础	数字	8	2	其他
实发合计	数字	10	2	增项

5. 开户银行设置

银行名称"工商银行"。账号长度为 11 位，录入时间自动带出的账号长度为 8 位。

6. 工资类别设置

管理人员类别，所属部门为所有部门，启用日期为"2008-01-01"。

生产人员类别，所属部门为生产一部、生产二部，启用日期为"2008-01-01"。

7. 人员档案设置（见表 8-2）

表 8-2   人员档案

人员编码	人员名称	部门编码	部门名称	人员类别	性别	业务或费用部门	说明
10101	王齐	101	生产一部	在职人员	男	生产一部	生产管理
10102	罗梁	101	生产一部	在职人员	男	生产一部	车间管理
10201	董小辉	102	生产二部	在职人员	男	生产二部	车间管理
20001	吴红梅	2	工程部	在职人员	女	工程部	物料清单
20002	李明			在职人员	男	工程部	工艺路线
30101	倪雪	301	采购一部	在职人员	女	采购部	采购管理
40101	李飞	401	业务一部	在职人员	男	业务一部	业务审核
40102	雷磊	401	业务一部	在职人员	男	业务一部	销售
40201	何亮	402	业务二部	在职人员	男	业务一部	销售
50001	李方	5	管理部	在职人员	女	财务部	财务管理
60002	宋明兰	6	财务部	在职人员	女	财务部	会计
60003	王小平			在职人员	男	财务部	会计
70001	肖遥	7	仓储部	在职人员	女	仓储部	库存管理
80001	陈娟	8	计划部	在职人员	女	计划部	生产计划
80002	石海			在职人员	男	计划部	生产计划

8. 每类人员的工资项目及计算公式设置

（1）管理人员。

工资项目：选择所有工资项目。

公式定义：扣税基础＝基本工资＋岗位工资＋津贴＋住房补贴＋加班工资

病假扣款＝病假天数＊5

事假扣款＝事假天数＊15

（2）生产人员。

工资项目：选择所有工资项目。

公式定义：扣税基础＝基本工资＋岗位工资＋津贴＋住房补贴＋加班工资＋计件工资

病假扣款＝病假天数＊5

事假扣款＝事假天数＊15

9. 生产人员的计件工资标准设置

新增一个计件工资标准：软件开发，并启用。增加新的档案内容为：01 系统分析员、02 程序员。

10. 生产人员的计件工资方案设置（见表8-3）

表8-3　　　　　　　　　　　　计件工资方案

方案编号	方案名称	软件开发	计件单价	停用
1	一级分析员	系统分析员	20.000000	
2	二级分析员	系统分析员	15.000000	
3	一级程序员	程序员	10.000000	
4	二级程序员	程序员	8.000000	

注：两个部门的工资方案设置相同。

【实验步骤】

1. 建立工资套并建立工资类别

操作步骤：

（1）在"用友 ERP-U8 门户"中，双击"财务会计"中的"工资管理"，出现"建立工资套-参数设置"窗口。

（2）在"建立工资套-参数设置"窗口中，单击"多个"前的单选按钮，选中"是否核算计件工资"前的复选框，如图8-1所示。

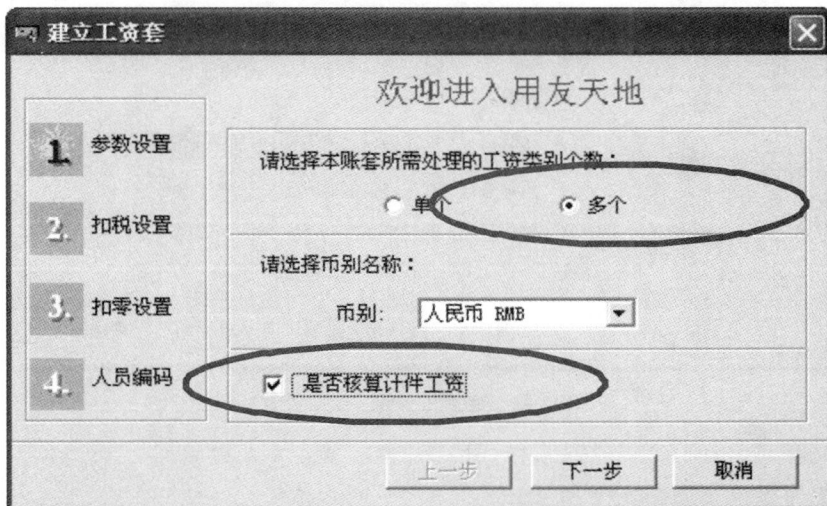

图8-1　建立工资套

（3）单击"下一步"按钮，打开"建立工资套-扣税设置"窗口，单击"是否从工资中代扣个人所得税"前的复选框，如图8-2所示。

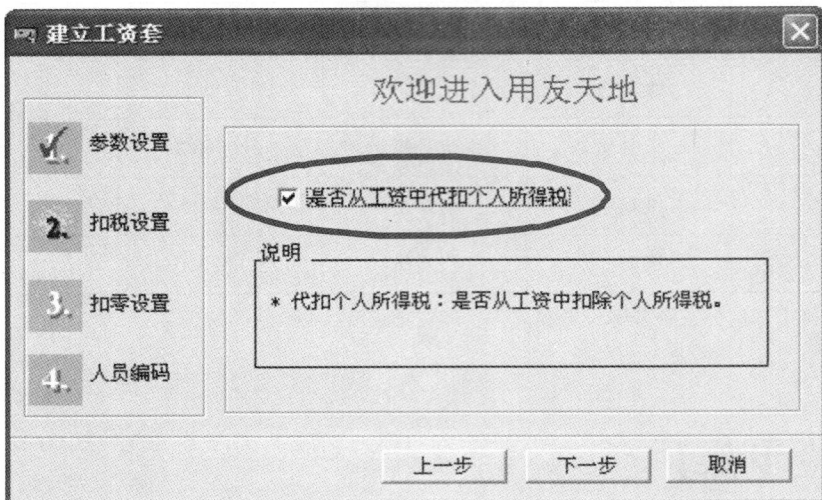

图8-2　建立工资套-扣税设置

（4）单击"下一步"按钮，打开"建立工资套-扣零设置"窗口，单击"扣零"前复选框，再单击"扣零至元"：即工资发放时不发10元以下的元，角，分。前单选按钮，如图8-3所示。

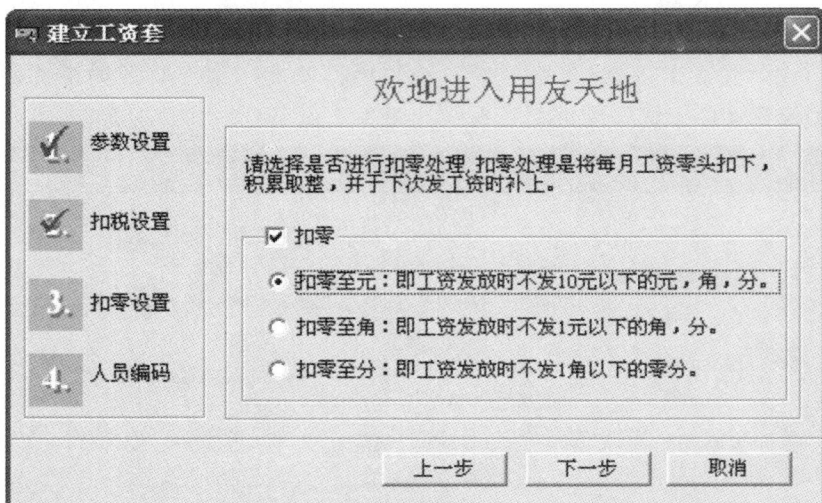

图8-3　建立工资套-扣零设置

（5）单击"下一步"按钮，打开"建立工资套-人员编码"窗口，人员编码长度设置为5位，如图8-4所示。

（6）单击"完成"按钮，出现提示"未建立工资类别"，如图8-5所示。

（7）单击"确定"按钮，出现"工资管理-新建工资类别"窗口，如图8-6所示。

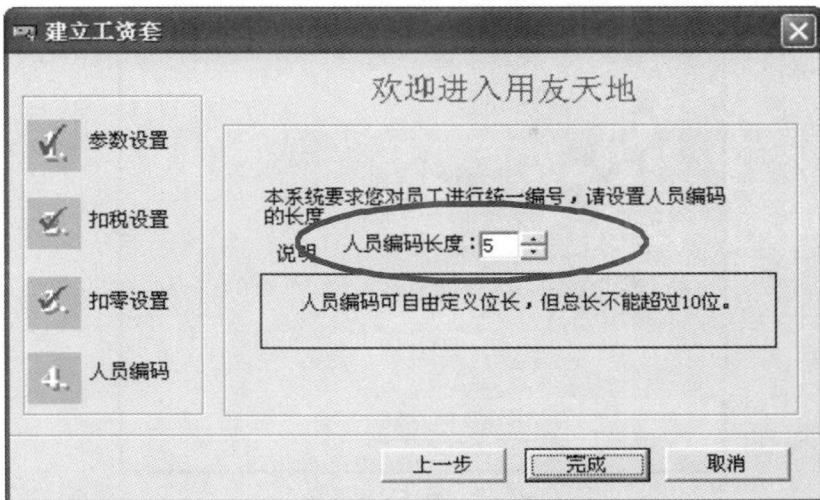

图 8-4　建立工资套-人员编码

图 8-5　未建立工资类别

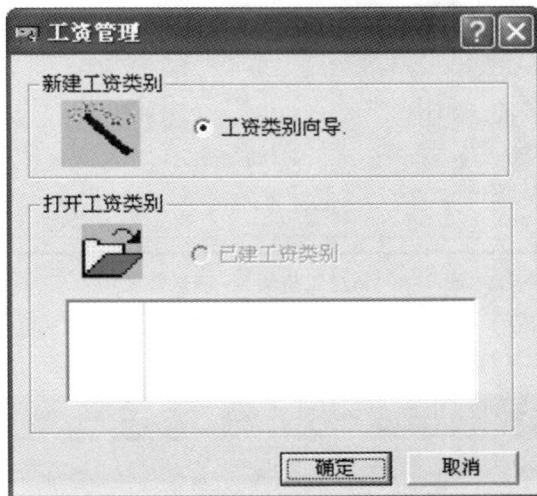

图 8-6　工资管理-新建工资类别

（8）单击"确定"按钮，出现"新建工资类别"窗口。

（9）在"新建工资类别"窗口中，输入工资类别名称"管理人员"，如图 8-7 所示。

图 8-7　新建工资类别

（10）单击"下一步"按钮，打开"新建工资类别-请选择部门"对话框。

（11）分别单击选中各个部门，如图 8-8 所示。

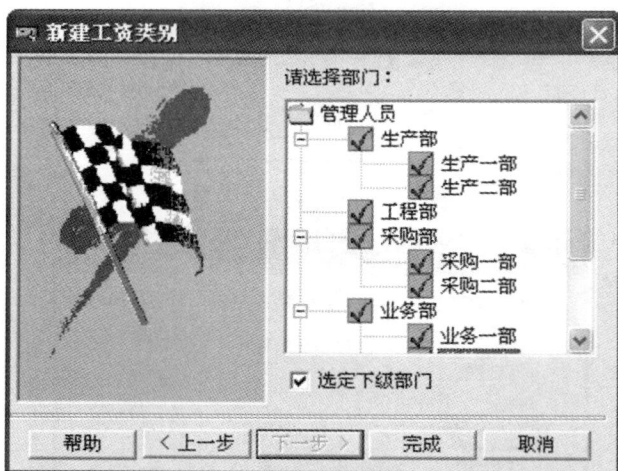

图 8-8　新建工资类别-请选择部门

（12）单击"完成"按钮，系统提示"是否以 2008-01-31 为当前工资类别的启用日期?"，如图 8-9 所示。

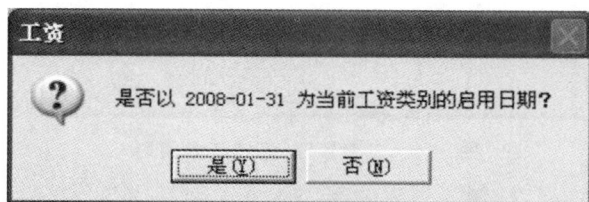

图 8-9　工资类别启用提示

（13）单击"是"。

（14）单击"工资类别"｜"关闭工资类别"，出现"新建工资类别"。

（15）单击"工资类别"｜"新建工资类别"，依次录入"生产人员"工资类别的所有内容。生产人员类别，所属部门为"生产一部""生产二部"，操作过程如图8-10和图8-11所示。

图8-10　新建工资类别

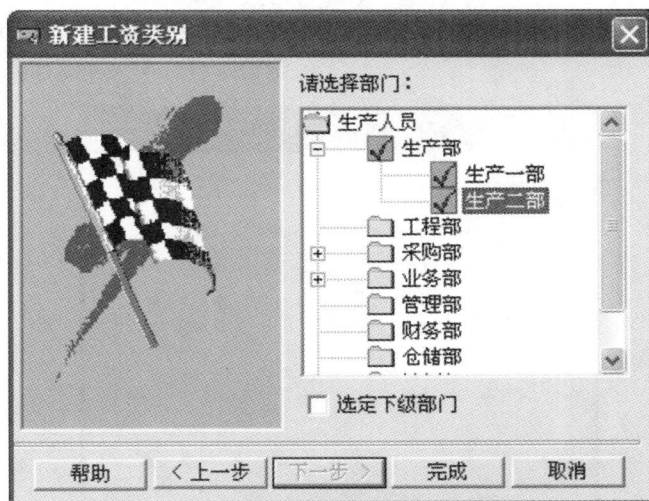

图8-11　新建工资类别-请选择部门

2. 设置人员附加信息

操作步骤：

（1）单击"工资类别"｜"关闭工资类别"。

（2）单击"设置"｜"人员附加信息设置"，打开"人员附加信息设置"对话框。

（3）单击"增加"按钮，单击"参照"栏下三角按钮，选择"性别"后单击"增加"按钮，如图8-12所示。

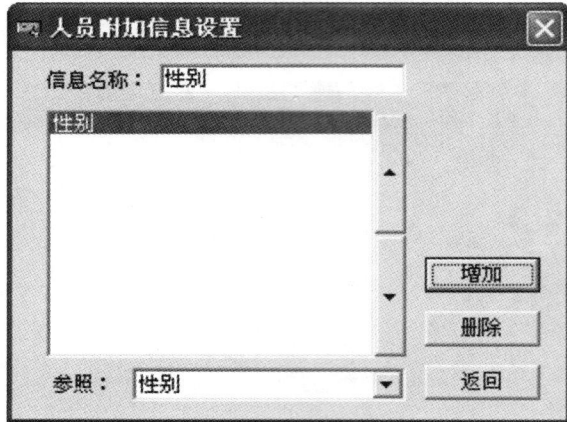

图8-12　人员附加信息设置

（4）单击"返回"按钮，返回。

3. 设置人员类别

操作步骤：

（1）单击"设置"｜"人员类别设置"，打开"类别设置"对话框。

（2）在"类别"栏录入"在职人员"后单击"增加"按钮，如图8-13所示。

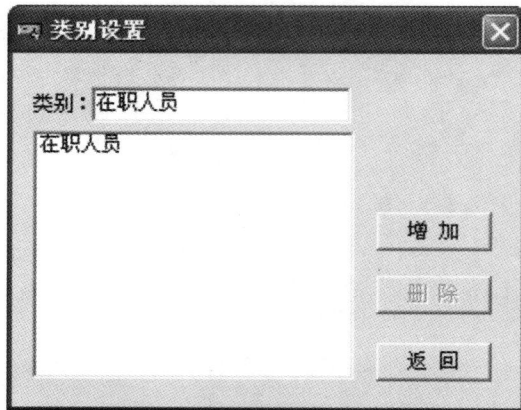

图8-13　类别设置

（3）单击"返回"按钮，返回。

4. 设置工资项目（注意：严格按照要求将工资项目添加完全，不能随意删除已有工资项目，然后再进行后面操作，否则不能再次添加工资项目，内容见表8-4）

操作步骤：

（1）单击"工资类别"｜"关闭工资类别"，选择"设置"｜"工资项目设置"，打开"工资项目设置"对话框。

（2）单击"增加"按钮，在工资项目名称栏录入"基本工资"，单击"基本工资"所在行类型栏下三角按钮，选择"数字"，选择长度为"10"，选择小数位为"2"，选择增减项为"增项"。依此方法按表8-4所给材料继续增加其他的工资项目，如图8-14所示。

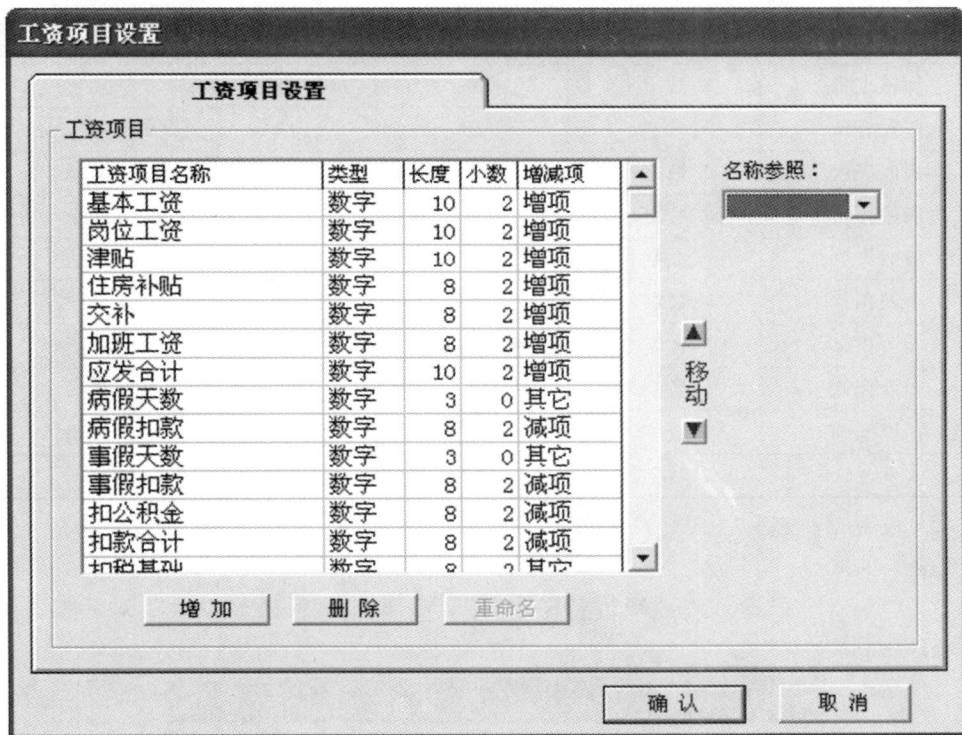

图8-14　工资项目设施

（3）单击"确认"按钮，出现提示"工资项目已经改变，请确认各工资类别的公式是否正确，否则计算结果可能不正确"，如图8-15所示。

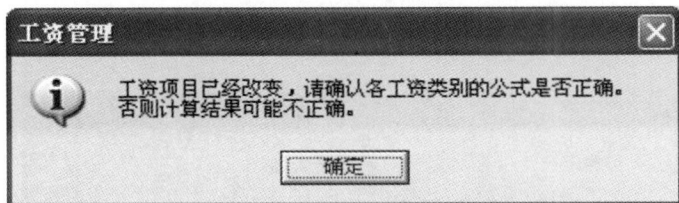

图8-15　工资管理提示

（4）单击"确定"按钮（再次提醒注意内容添加完全，内容见表8-4）。

表 8-4 工资项目

工资项目名称	类型	长度	小数点	增减及其他
基本工资	数字	10	2	增项
岗位工资	数字	10	2	增项
计件工资	数字	10	2	增项
津贴	数字	10	2	增项
住房补助	数字	8	2	增项
交补	数字	8	2	增项
加班工资	数字	8	2	增项
应发合计	数字	10	2	增项
病假天数	数字	3		其他
病假扣款	数字	8	2	减项
事假天数	数字	3		其他
事假扣款	数字	8	2	减项
扣公积金	数字	8	2	减项
扣款合计	数字	8	2	减项
扣税基础	数字	8	2	其他
实发合计	数字	10	2	增项

5. 设置银行名称

操作步骤：

（1）单击"设置"｜"银行名称设置"，打开"银行名称设置"对话框，如图 8-16 所示。

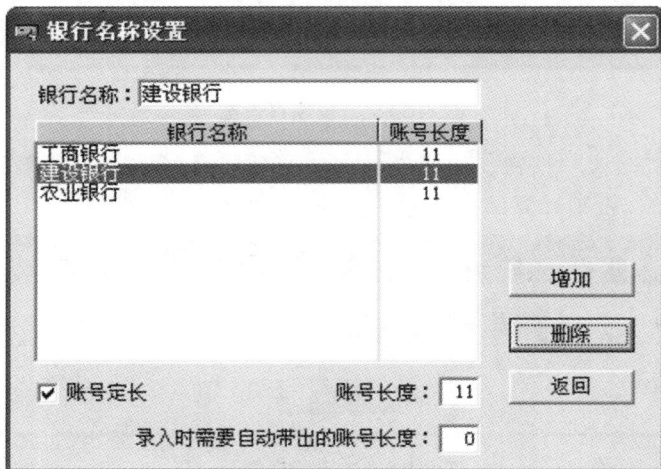

图 8-16 银行名称设置

（2）单击选中银行名称栏的"建设银行"后单击"删除"按钮，系统提示
"删除银行将相关文件及设置一并删除。是否继续？"，如图8-17所示。

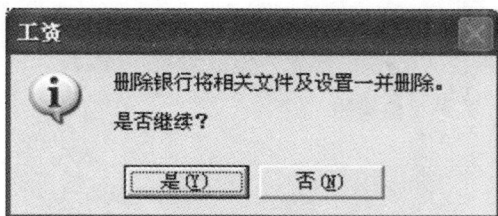

图8-17 删除银行设置

（3）单击"是"。

（4）依此方法再删除"农业银行"。

（5）保留"工商银行"，录入时需要自动带出的账号长度栏录入"8"，如
图8-18所示。

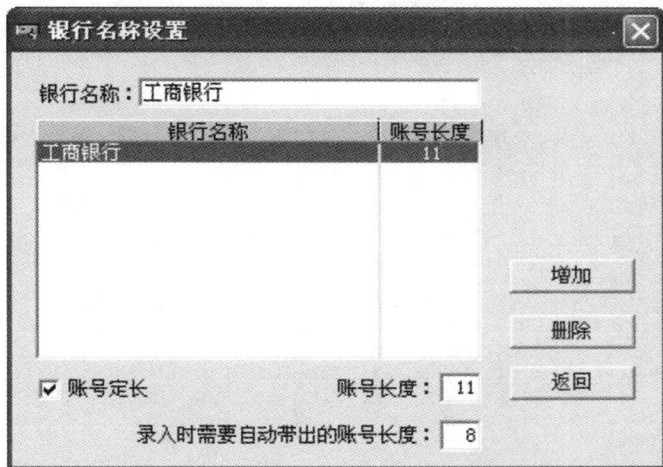

图8-18 银行名称设置

（6）单击"返回"按钮，返回。

6. 设置管理人员工资套的工资项目

操作步骤：

（1）单击"工资类别"｜"打开工资类别"，出现"打开工资类别"对话框，
如图8-19所示。

（2）单击"确认"按钮。

（3）单击"设置"｜"工资项目设置"，打开"工资项目设置"对话框。

（4）在"工资项目设置"页签中，单击"增加"按钮，再单击名称参照栏下
三角按钮，选择"基本工资"，依此方法再增加其他的工资项目（将名称参照中所
有工资项目增加进去），如图8-20所示。

（5）单击"确认"按钮。

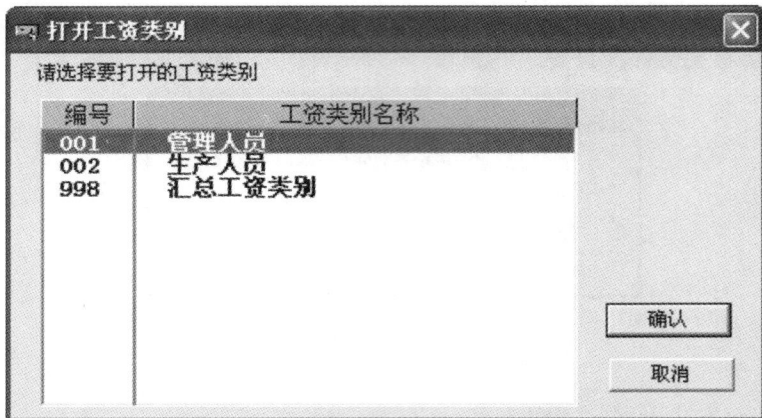

图 8-19　打开工资类别

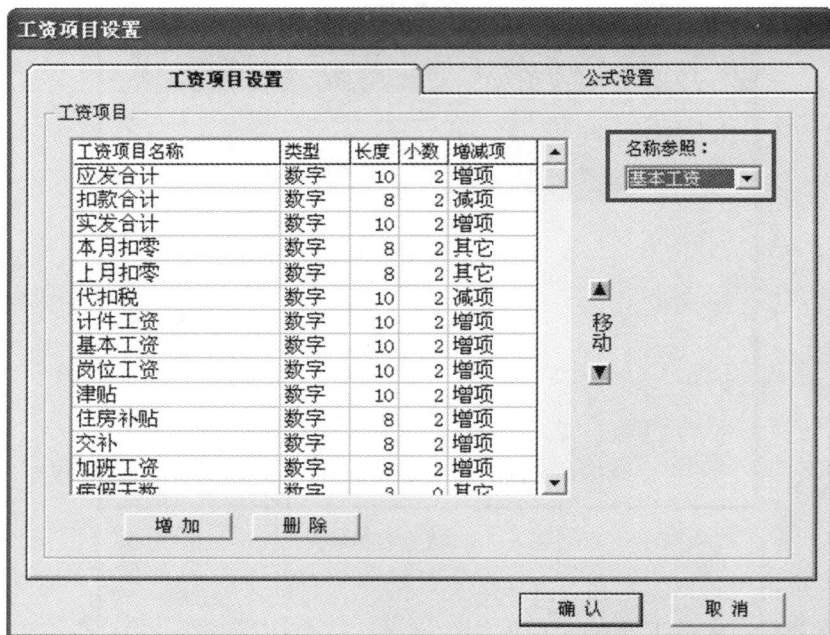

图 8-20　工资项目设置

7. 设置管理人员工资套人员档案

操作步骤：

（1）单击"设置"｜"人员档案"，打开"人员档案"窗口。

（2）在"人员档案"窗口中，单击"增加"按钮，打开"人员档案-基本信息"对话框。

（3）在"基本信息"页签中，录入人员编号"20001"，单击人员姓名栏参照按钮，选择"吴红梅"，单击部门编码栏下三角按钮，选择"2"，单击银行名称栏下三角按钮，选择"工商银行"，在银行账号栏录入"12076584804"，如图 8-21 所示。

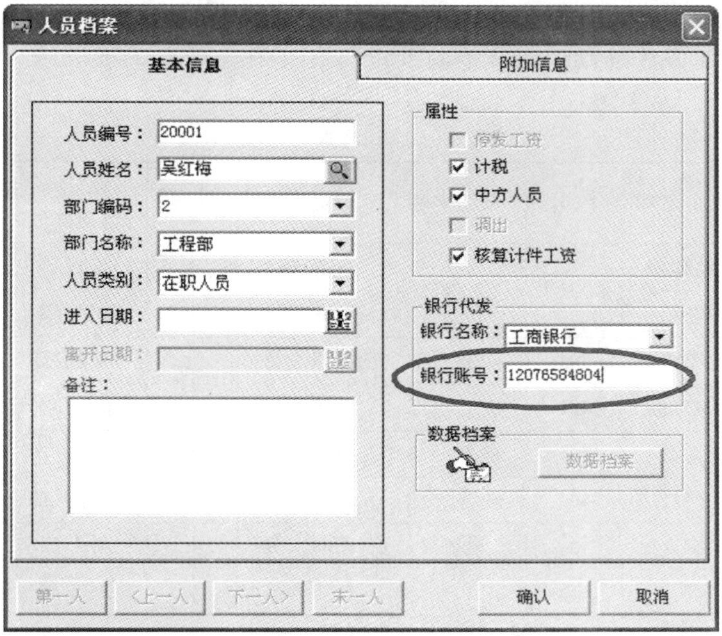

图 8-21 人员档案-基本信息

（4）单击"附加信息"页签，在性别栏录入"女"，如图 8-22 所示。

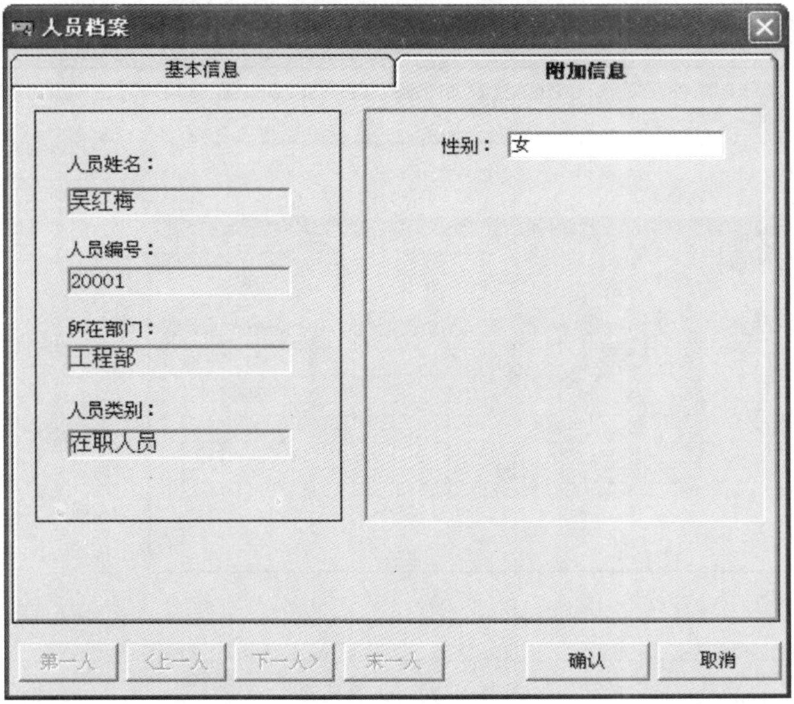

图 8-22 人员档案-附加信息

（5）单击"确认"按钮。

（6）依此方法继续录入其他的人员档案（内容见表8-5），结果如图8-23所示。

表8-5　　　　　　　　　　　　　　　人员档案

人员编码	人员名称	部门编码	部门名称	人员类别	性别	业务或费用部门	说明
20001	吴红梅	2	工程部	在职人员	女	工程部	物料清单
20002	李明			在职人员	男	工程部	工艺路线
30101	倪雪	301	采购一部	在职人员	女	采购部	采购管理
40101	李飞	401	业务一部	在职人员	男	业务一部	业务审核
40102	雷磊	401	业务一部	在职人员	男	业务一部	销售
40201	何亮	402	业务二部	在职人员	男	业务一部	销售
50001	李方	5	管理部	在职人员	女	财务部	财务管理
60002	宋明兰	6	财务部	在职人员	女	财务部	会计
60003	王小平			在职人员	男	财务部	会计
70001	肖遥	7	仓储部	在职人员	女	仓储部	库存管理
80001	陈娟	8	计划部	在职人员	女	计划部	生产计划
80002	石海			在职人员	男	计划部	生产计划

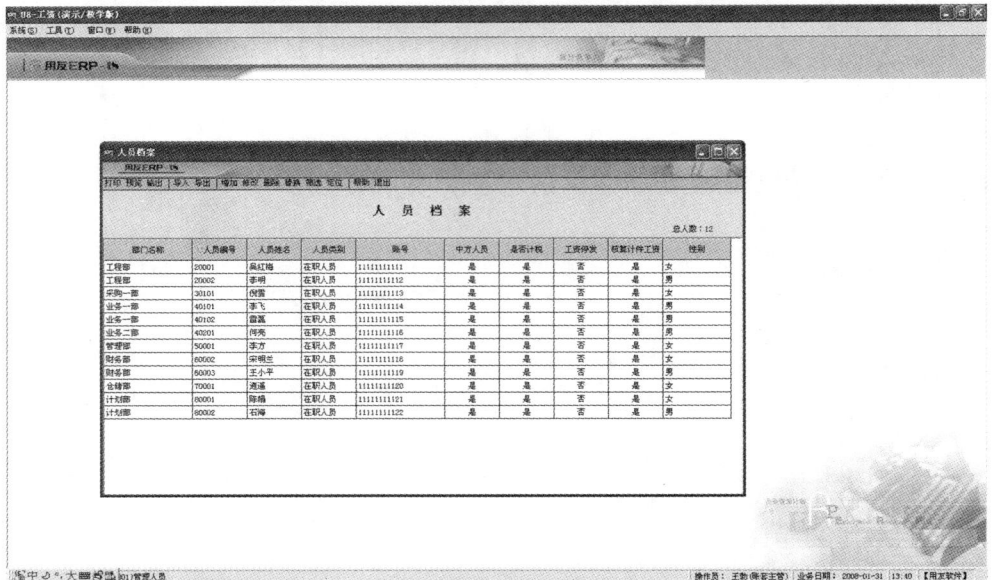

图8-23　人员档案

（7）单击"退出"按钮，退出人员档案对话框。

8. 设置"扣税基础"的计算公式

操作步骤：

（1）单击"设置"｜"工资项目设置"，打开"工资项目设置-工资项目设置"对话框。

（2）在"工资项目设置-工资项目设置"对话框中，单击"公式设置"页签，打开"工资项目设置-公式设置"对话框。

（3）单击"工资项目"区域中"增加"按钮，单击下三角按钮，选择"扣税基础"。

（4）单击"工资项目"区域中的"基本工资"，单击选中"运算符"区域中的"+"，再单击选中"工资项目"区域中的"岗位工资"，单击选中"运算符"区域中的"+"，再单击选中"工资项目"区域中的"津贴"，单击选中"运算符"区域中的"+"，再单击选中"工资项目"区域中的"住房补助"，单击选中"运算符"区域中的"+"，再单击选中"工资项目"区域中的"加班工资"，如图8-24所示。

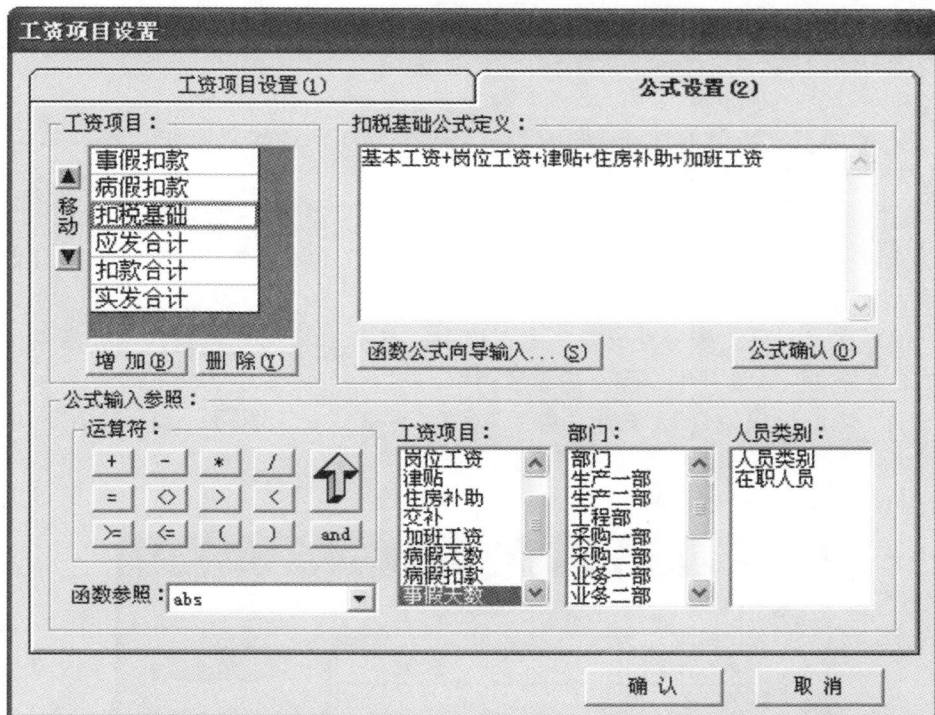

图8-24 工资项目设置

（5）单击"公式确认"按钮，再单击"确认"按钮。依此方法设置"事假扣款""病假扣款"的计算公式（具体项目参照下面所给内容）。

管理人员的工资项目及计算公式设置：

公式定义：扣税基础＝基本工资＋岗位工资＋津贴＋住房补助＋加班工资

　　　　　病假扣款＝病假天数＊5

　　　　　事假扣款＝事假天数＊15

9. 生产人员的相关信息设置

其设置方法与管理人员相同（选中"生产人员"工资类别，重复操作第6—8步骤），资料依据下面所给内容。

生产人员的工资项目及计算公式设置：

工资项目：选择所有工资项目。

生产人员档案信息见表8-6。

表8-6　　　　　　　　　　　　生产人员档案信息

人员编码	人员名称	部门编码	部门名称	人员类别	性别	业务或费用部门	说明
10101	王齐	101	生产一部	在职人员	男	生产一部	生产管理
10102	罗梁	101	生产一部	在职人员	男	生产一部	车间管理
10201	董小辉	102	生产二部	在职人员	男	生产二部	车间管理

公式定义：扣税基础＝基本工资＋岗位工资＋津贴＋住房补助＋加班工资＋计件工资

病假扣款＝病假天数 * 5

事假扣款＝事假天数 * 15

10. 设置生产人员的计件工资标准（注意：这里只需设置"生产人员"，"管理人员"不需要设置）

操作步骤：

（1）单击"打开工资类别"，选择"生产人员"，再选择"设置"｜"计件工资标准设置"，打开"计件工资标准设置"对话框。

（2）在"计件工资标准设置"对话框中，点击"增加"按钮，例如新增一个计件工资标准：软件开发，保存后设置档案。

（3）双击相应统计标准的"启用"栏，使呈"√"符号，表示启用该项标准。不启用产品结构父项、工序，只启用软件开发一个计件标准（因为产品结构和工序来源于成本管理系统），如图8-25所示。

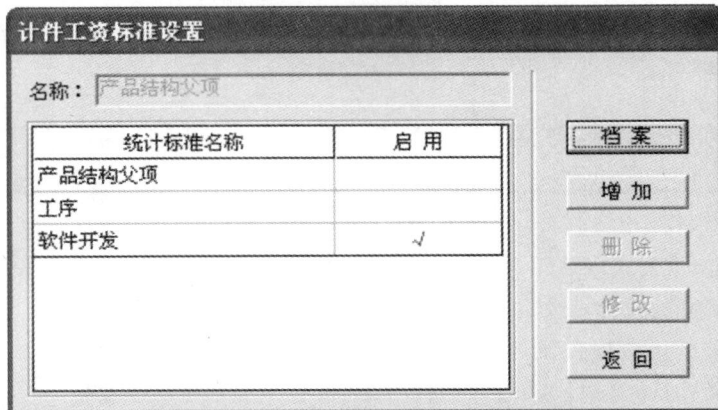

图8-25　计件工资标准设置

（4）选择软件开发统计标准，点击"档案"按钮，进入档案设置窗口，显示当前计件工资标准的具体内容，可增加新的档案内容为：01 系统分析员 02 程序员，如图 8-26 所示。

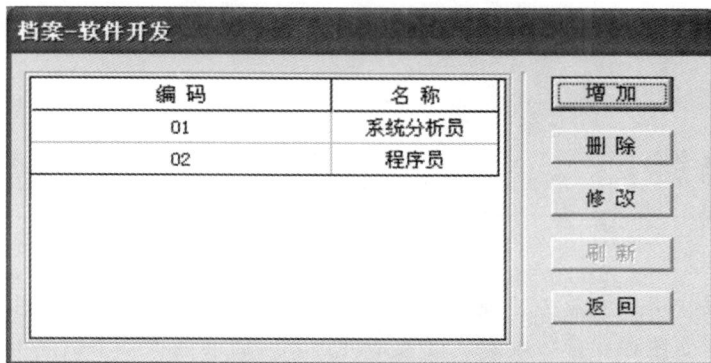

图 8-26　档案-软件开发

11. 设置计件工资方案

操作步骤：

（1）单击"打开工资类别"，选择"生产人员"，再选择"设置"｜"计件工资方案设置"，打开"计件工资方案设置"对话框。

（2）在"计件工资方案设置"对话框中，选中部门下拉列表中的"生产一部"，单击"增加"按钮，输入方案编号"1"、方案名称"一级分析员"、软件开发"系统分析员"、计件单价"20"。

（3）单击"增加"按钮，依次录入其他三个方案内容，如图 8-27 所示。

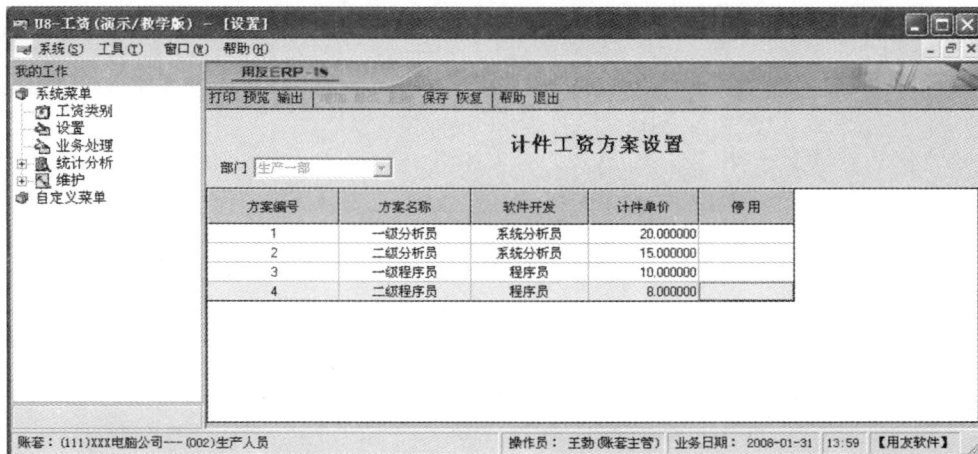

图 8-27　计件工资方案设置

（4）按此方法，设置"生产二部"的"计件工资方案"（方案与生产一部相同）（注意：生产二部必须设置，否则影响后面操作）。

12. 账套备份

操作步骤（注意：具体步骤与实验一相同）：

在"d：\ 备份 \ 111 账套备份"文件夹中新建"3 工资初始化"文件夹。将账套输出至"3 工资初始化"文件夹中。

【实验总结】

本部分进行了工资业务处理前的工资初始化实验，通过本实验学生可以掌握工资套的初始建立流程和参数设置，以及工资业务所需的各项基本信息的初始化。

实验思考题：

1. 企业人员工资的核算标准有哪些？

2. 企业管理人员和生产人员的工资核算的区别是什么？

实验九　工资业务处理

【实验目的与要求】

了解工资业务处理的流程和内容，掌握工资数据的录入、所得税扣缴、工资分摊、转账凭证生成及月末处理的步骤和方法。

【实验准备】

已经完成实验三的操作，引入"d：\ 备份 \ 111 账套备份 \ 3 工资初始化"文件中备份账套，将系统日期修改为"2008 年 1 月 31 日"，注册进入"工资系统"。

【实验内容及资料】

1. 个人收入所得税扣缴（进入具体类别）

对应工资项目修改为"扣税基础"，税率基数修改为 2 000[①]，计算个人所得税，然后到"工资变动"中重新计算工资项目。

———————————

[①] 从 2011 年 9 月 1 日起，我国个人所得税工薪所得减除费用标准（通常称为个税起征点）由每月 2 000 元提高到 3 500 元，只需修改税率基数，不影响实验流程。

2. 银行代发工资

3. 录入并计算 1 月份工资数据

2008 年 1 月有关的工资数据如下：

（1）管理人员工资表如下（见表 9-1）：

表 9-1　　　　　　　　　　　　　管理人员工资数据　　　　　　　　　　金额单位：元

姓名	基本工资	岗位工资	津贴	住房补贴	交补	病假天数	病假扣款	事假天数	事假扣款	扣公积金
吴红梅	1 500	280	320	158	30	4	20	2	30	36.80
李明	1 800	290	320	195	30	4	20	2	30	39.20
倪雪	3 200	295	320	195	30	4	20			39.80
李飞	900				30			2	30	39.00
雷磊	4 600	295	320	195	30					68.20
何亮	810				30					18.50
李方	4 200	295	320	195	30					96.20
宋明兰	3 900	295	320	195	30					69.20

注：其他未列出工资项目为自动计算出来，无须输入。

（2）生产人员计件工资表如下（见表 9-2）：

表 9-2　　　　　　　　　　　　生产人员计件工资数据　　　　　　　　　金额单位：元

人员编号	人员名称	日　期	方案编号	方案名称	计件单价	数　量	计件工资
10101	王齐	2008-01-31	3	一级	10.00	20.00	200.00
10102	罗梁	2008-01-31	4	二级	8.00	25.00	200.00
10201	董小辉	2008-01-31	3	一级	10.00	15.00	150.00
合　计						90.00	790.00

（3）生产人员工资表如下（见表 9-3）：

表 9-3　　　　　　　　　　　　　生产人员工资数据　　　　　　　　　　金额单位：元

姓名	基本工资	岗位工资	计件工资	津贴	住房补贴	交补	病假天数	病假扣款	事假天数	事假扣款	扣公积金
王齐	1 800	200	200	100	50	30	1				68
罗梁	1 200	100	200	100	50	30			2		50
董小辉	1 500	200	150	100	50	30			1		68

注：其他未列出工资项目为自动计算出来，无须输入。

4. 工资分摊并生成转账凭证

工资分摊的类型为"应付工资""应付福利费"（见表9-4）。

表9-4　　　　　　　　　　　**工资分摊构成设置**①

计提类型名称	部门名称	人员类别	借方科目	贷方科目
应付工资	工程部	在职人员	管理费用（5502）	应付工资（2151）
	财务部	在职人员	管理费用（5502）	应付工资（2151）
	采购部	在职人员	营业费用（5501）	应付工资（2151）
	业务部	在职人员	营业费用（5501）	应付工资（2151）
	仓储部	在职人员	营业费用（5501）	应付工资（2151）
	计划部	在职人员	营业费用（5501）	应付工资（2151）
	生产部	在职人员	制造费用（4105）	应付工资（2151）
应付福利费	工程部	在职人员	管理费用（5502）	应付福利费（2153）
	财务部	在职人员	管理费用（5502）	应付福利费（2153）
	采购部	在职人员	营业费用（5501）	应付福利费（2153）
	业务部	在职人员	营业费用（5501）	应付福利费（2153）
	仓储部	在职人员	营业费用（5501）	应付福利费（2153）
	计划部	在职人员	营业费用（5501）	应付福利费（2153）
	生产部	在职人员	制造费用（4105）	应付福利费（2153）

5. 有关费用计提

按工资总额的14%计提福利费。

6. 月末处理

【实验步骤】

1. 修改个人收入所得税的计提基数

操作步骤：

（1）在"用友 ERP-U8 门户"中，双击"财务会计"中的"工资管理"，打开"工资"系统并出现"工资管理"对话框，如图9-1所示。

（2）单击"确定"按钮，打开"管理人员"工资套。

---

① 表中"营业费用"科目现已调整为"销售费用科目"，"应付工资""应付福利费"科目现已调整为"应付职工薪酬"，不影响实验流程。

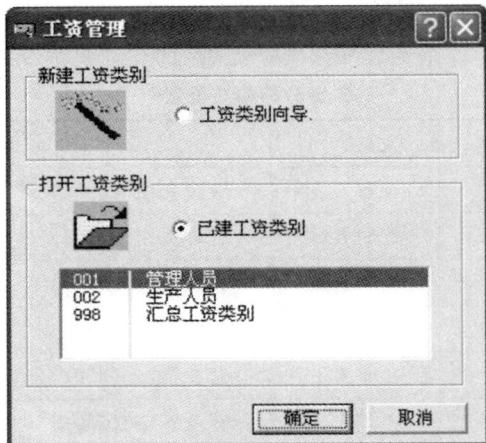

图 9-1　工资管理

（3）单击"业务处理"｜"扣缴所得税"，系统提示"本月末进行'工资变动'功能或数据有变化，请先进入'工资变动'重新计算数据，否则数据可能不正确"。

（4）单击"确定"按钮，出现"栏目选择"对话框，如图 9-2 所示。

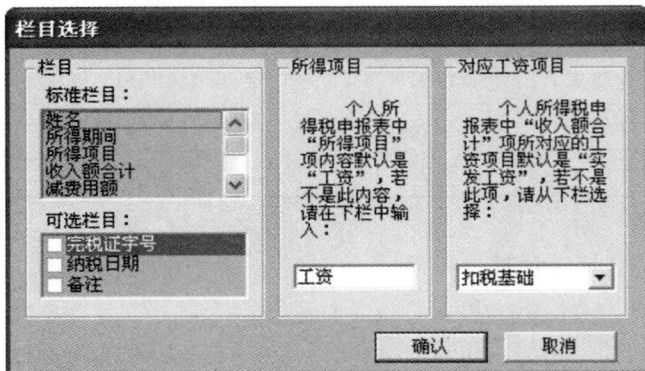

图 9-2　栏目选择

（5）单击"确认"按钮。打开"个人所得税申报"窗口。

（6）单击"税率"按钮，出现"个人所得税申报表——税率表"对话框。

（7）在"个人所得税申报表——税率表"对话框中，基数录入"2 000"，如图 9-3 所示。

（8）单击"确认"按钮，系统提示"调整税率表后，个人所得税需重新计算。是否重新计算个人所得税？"，如图 9-4 所示。

（9）单击"是"按钮。返回"个人所得税申报表"窗口。单击"退出"按钮，退出。

2. 录入并计算管理人员 1 月份的工资数据

操作步骤：

（1）单击"业务处理"｜"工资变动"，打开"工资变动"窗口。

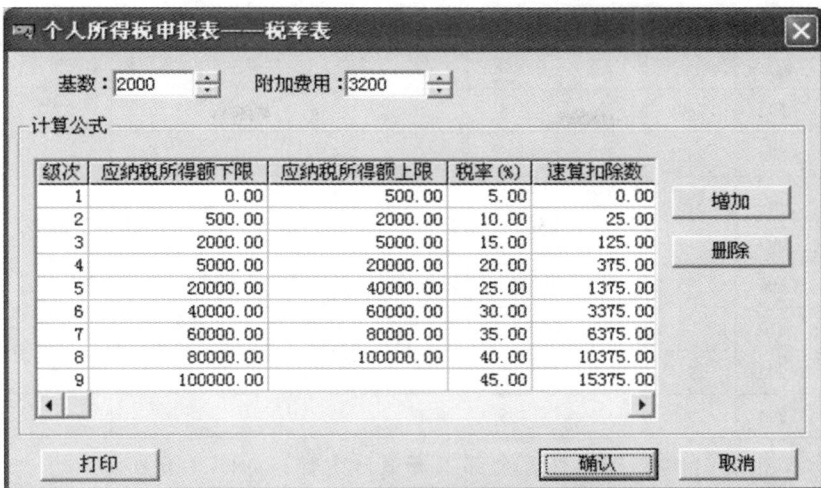

图 9-3　个人所得税申报表——税率表

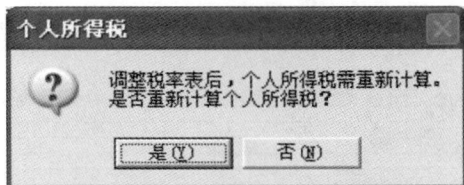

图 9-4　个人所得税提示信息

（2）在"工资变动"窗口中，分别录入工资项目内容，如图 9-5 所示（注意：添加的工资信息参照表 9-5）。

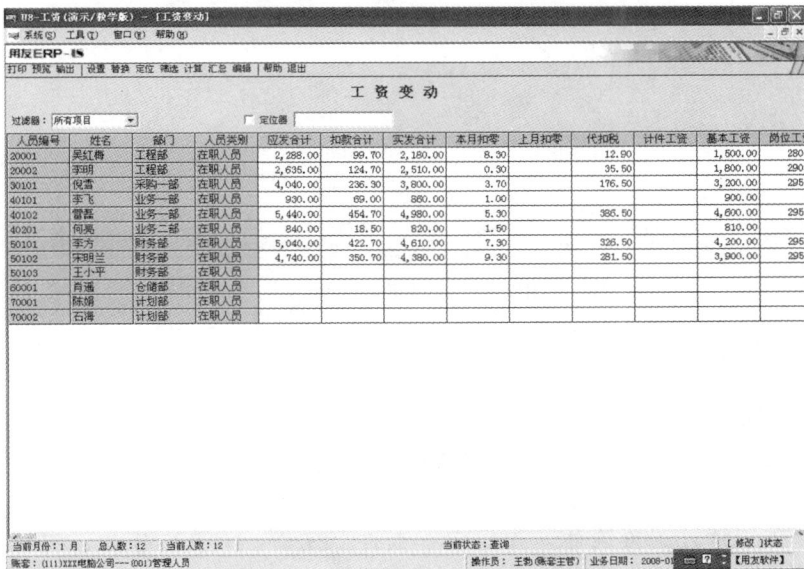

图 9-5　工资变动

表 9-5 管理人员工资数据

姓名	基本工资	岗位工资	津贴	住房补贴	交补	病假天数	病假扣款	事假天数	事假扣款	扣公积金
吴红梅	1 500	280	320	158	30	4	20	2	30	36.80
李明	1 800	290	320	195	30	4	20	2	30	39.20
倪雪	3 200	295	320	195	30	4	20			39.80
李飞	900				30			2	30	39.00
雷磊	4 600	295	320	195	30					68.20
何亮	810				30					18.50
李方	4 200	295	320	195	30					96.20
宋明兰	3 900	295	320	195	30					69.20

（3）单击"计算"按钮计算全部工资项目内容，如图 9-6 所示。

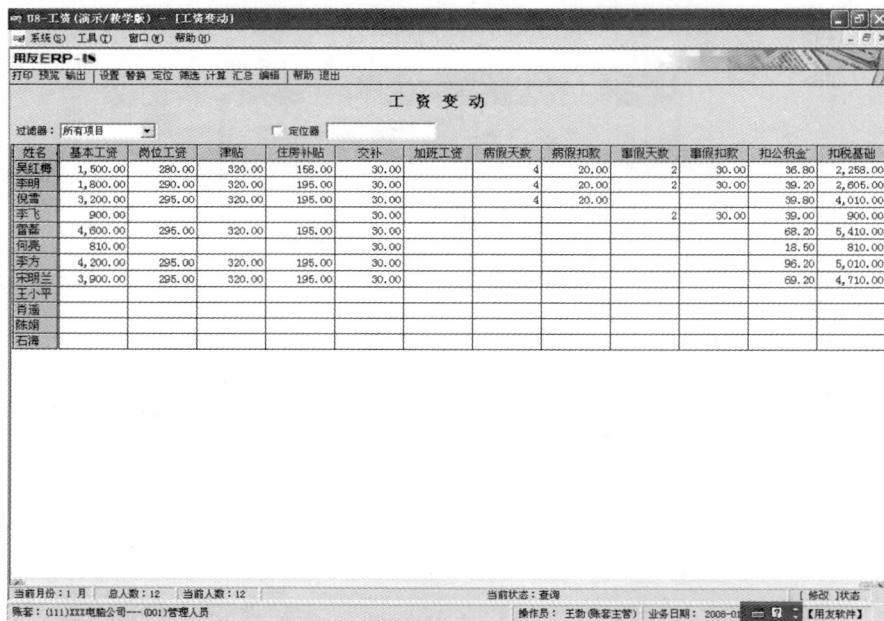

图 9-6 计算工资项目内容

（4）单击"退出"按钮。

3. 录入并计算生产人员 1 月份的工资数据

操作步骤：

（1）在"工资"｜"打开工资类别"菜单选择"生产人员"后，单击"业务处理"｜"计件工资统计"，打开"计件工资统计"窗口。

（2）在"计件工资统计"窗口中，选择"生产一部"，单击"增加"按钮，打开"计件工资"窗口，如图 9-7 所示（注意：添加的工资信息参照表 9-6）。

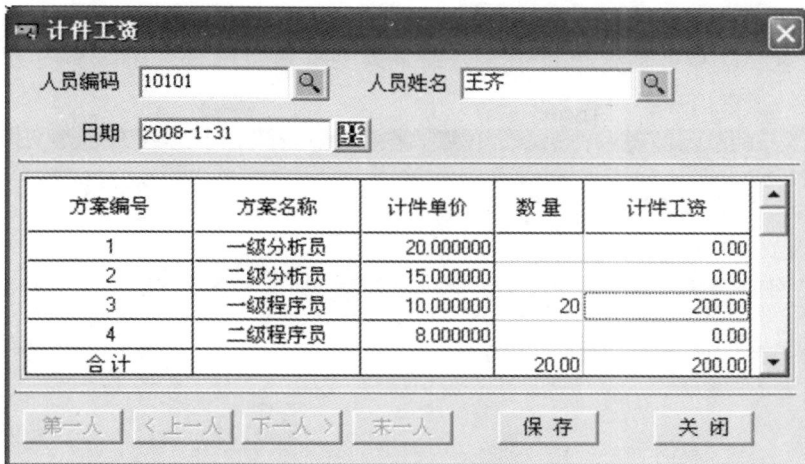

图 9-7　计件工资录入

表 9-6　　　　　　　　　　生产人员计件工资数据

人员编号	人员名称	日 期	方案编号	方案名称	计件单价	数 量	计件工资
10101	王齐	2008-01-31	3	一级	10.00	20.00	200.00
10102	罗梁	2008-01-31	4	二级	8.00	25.00	200.00
10201	董小辉	2008-01-31	3	一级	10.00	15.00	150.00
合 计						90.00	790.00

（3）在人员编码处录入"10101"、人员姓名录入"王齐"、日期录入"2008-1-31"，选择计件工资方案"3"，并在数量处输入"20.00"，单击"保存"按钮。依次录入其他生产人员的计件工资信息。其结果如图 9-8 所示。

图 9-8　计件工资统计

（4）单击"业务处理"｜"工资变动"，打开"工资变动"窗口。

（5）在"工资变动"窗口中，分别录入工资项目内容，如图9-9所示（注意：添加的工资信息参照表9-7）。

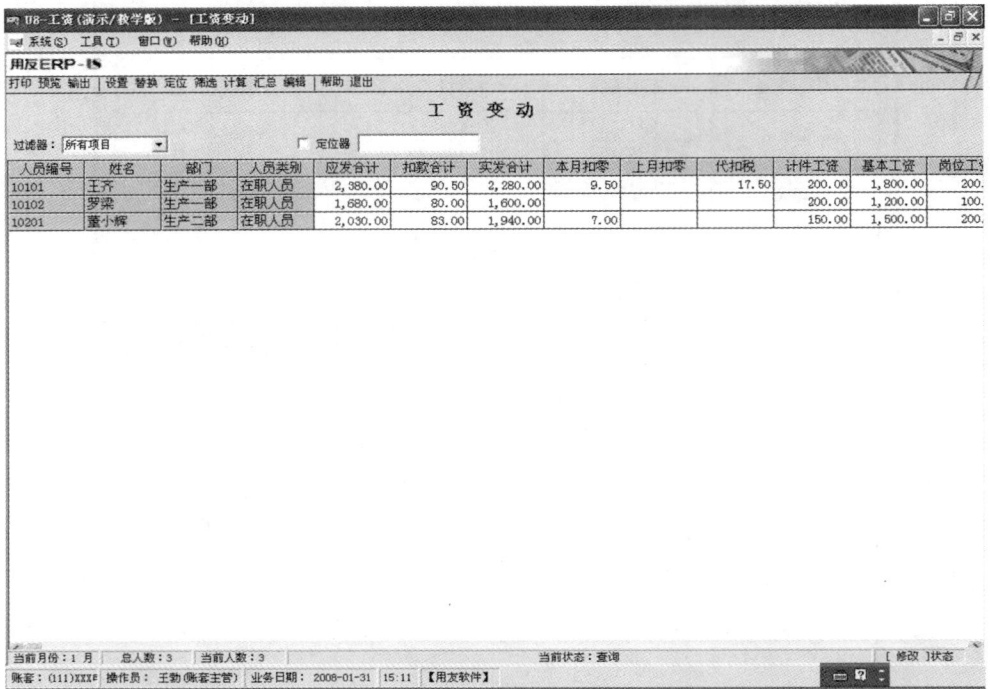

图9-9　生产工人工资变动

表9-7　　　　　　　　　　　　生产人员工资数据

姓名	基本工资	岗位工资	计件工资	津贴	住房补贴	交补	病假天数	病假扣款	事假天数	事假扣款	扣公积金
王齐	1 800	200	200	100	50	30	1				68
罗梁	1 200	100	200	100	50	30			2		50
董小辉	1 500	200	150	100	50	30			1		68

（6）单击"计算"按钮计算全部工资项目内容。

（7）单击"退出"按钮。

4. 扣缴所得税

操作步骤：

（1）打开相应的"工资类别"（注意：管理人员和生产人员分别操作），单击"业务处理"｜"扣缴所得税"，打开"栏目选择"对话框。

（2）单击"栏目选择"对话框中的"确认"按钮，打开"个人所得税扣缴申报表"窗口，如图9-10所示。

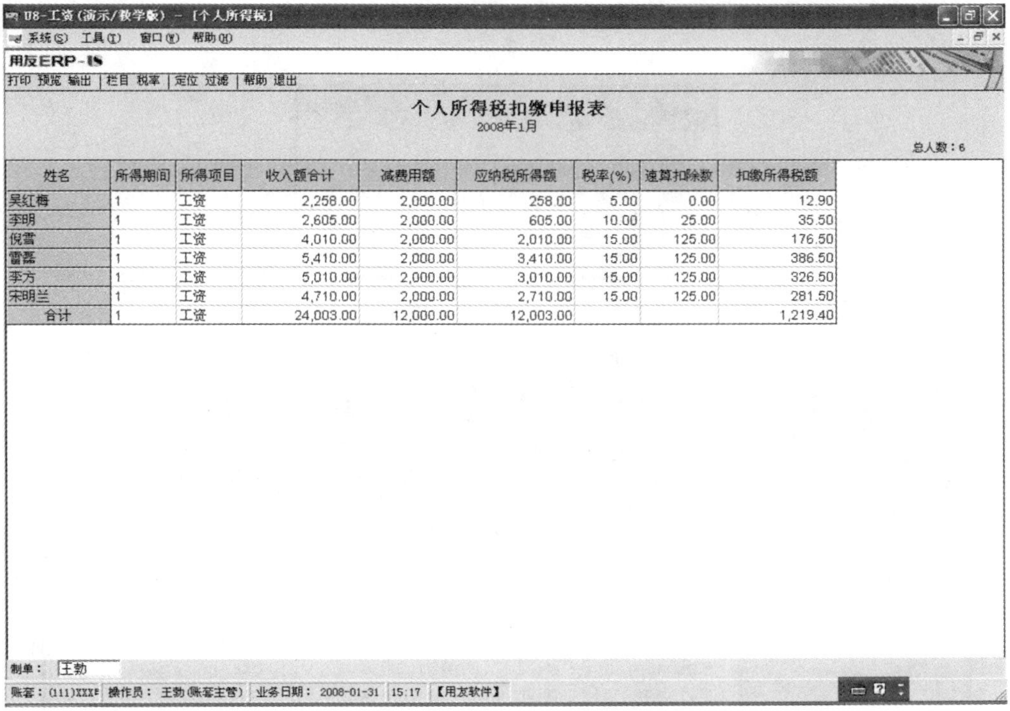

姓名	所得期间	所得项目	收入额合计	减费用额	应纳税所得额	税率(%)	速算扣除数	扣缴所得税额
吴红梅	1	工资	2,258.00	2,000.00	258.00	5.00	0.00	12.90
李明	1	工资	2,605.00	2,000.00	605.00	10.00	25.00	35.50
倪雪	1	工资	4,010.00	2,000.00	2,010.00	15.00	125.00	176.50
雷磊	1	工资	5,410.00	2,000.00	3,410.00	15.00	125.00	386.50
李方	1	工资	5,010.00	2,000.00	3,010.00	15.00	125.00	326.50
宋明兰	1	工资	4,710.00	2,000.00	2,710.00	15.00	125.00	281.50
合计	1	工资	24,003.00	12,000.00	12,003.00			1,219.40

图 9-10　个人所得税扣缴申报表

5. 查看银行代发一览表

操作步骤：

（1）打开相应的“工资类别”，单击“业务处理”｜“银行代发”，打开“银行文件格式设置”窗口，如图 9-11 所示（注意：管理人员和生产人员分别操作）。

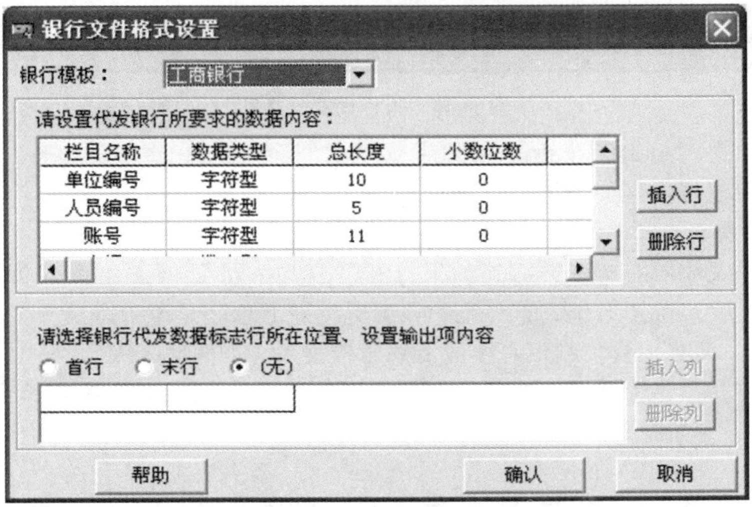

图 9-11　银行文件格式设置

（2）单击"确认"按钮，系统提示"确认设置的银行文件格式?"，如图 9-12 所示。

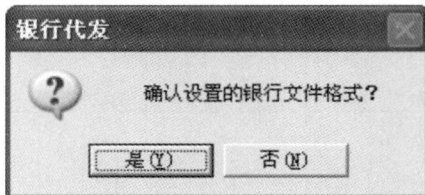

图 9-12　银行代发提示

（3）单击"是"按钮，打开"银行代发一览表"窗口，如图 9-13 所示。

图 9-13　银行代发一览表

（4）单击"退出"按钮。

6. 汇总工资类别并分摊工资设置

操作步骤：

（1）先关闭所有工资类别（如果打开"管理人员"或"生产人员"，则不能进行汇总）后，在"系统菜单→维护→工资类别汇总"菜单中，选择"管理人员""生产人员"两种工资类型汇总生成汇总工资类别，如图 9-14 所示。

（2）打开"汇总工资类别"（注意：要先在"工资变动"中进行汇总，然后再进行分摊），如图 9-15 所示。单击"业务处理"｜"工资分摊"，打开"工资分摊"窗口，如图 9-16 所示。

（3）单击"工资分摊设置"按钮，打开"分摊类型设置"对话框。

（4）单击"增加"按钮，打开"分摊计提比例设置"对话框。

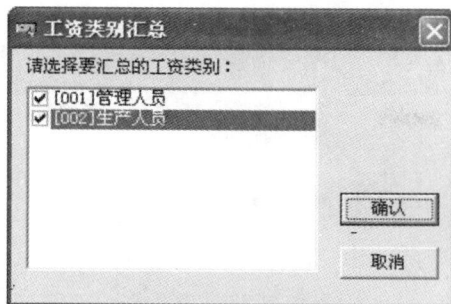

图 9-14 工资类别汇总

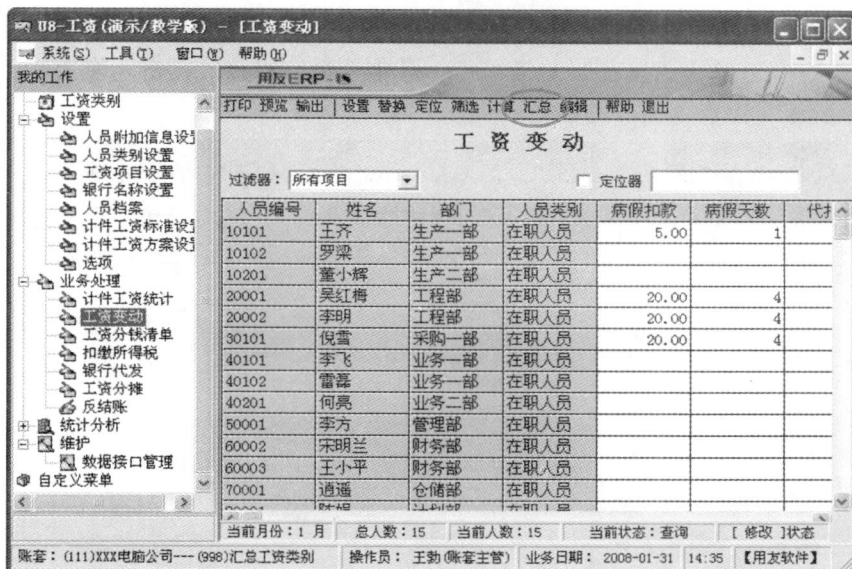

图 9-15 工资汇总

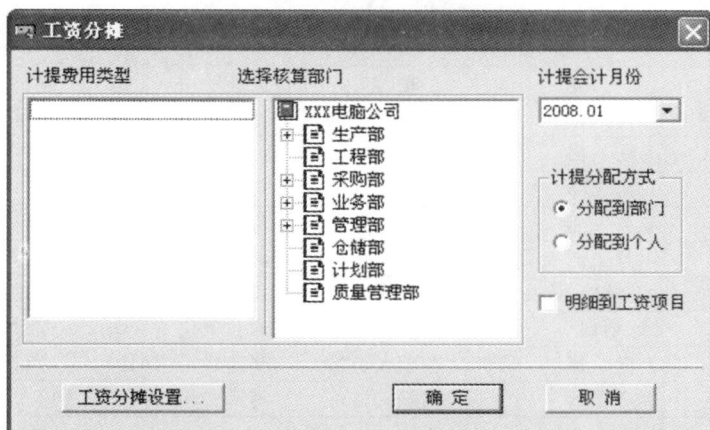

图 9-16 工资分摊

（5）在计提类型名称栏录入"应付工资"，如图9-17所示。

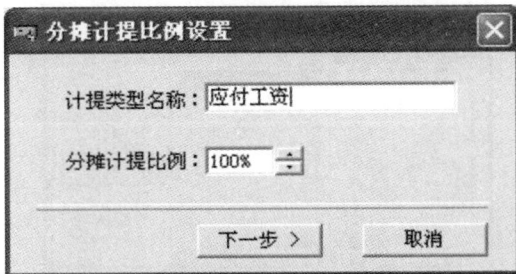

图9-17   分摊计提比例设置

（6）单击"下一步"按钮，打开"分摊构成设置"对话框。

（7）在"分摊构成设置"对话框中，分别选择分摊构成的各个项目内容，如图9-18所示（注意：添加的信息参照表9-8）。

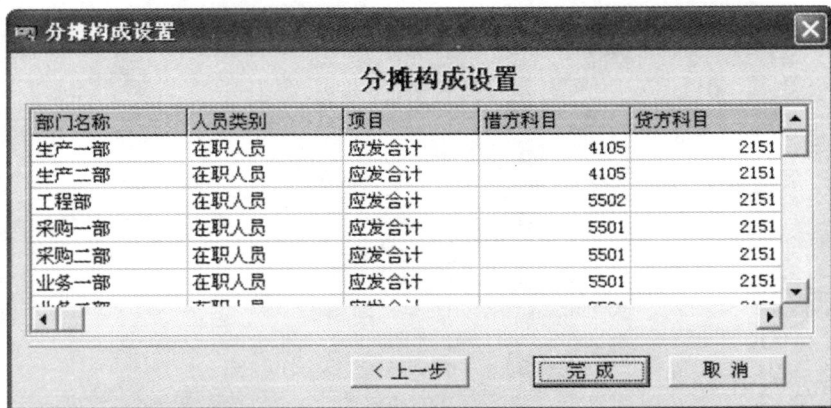

图9-18   分摊构成设置

表9-8   工资分摊构成设置

计提类型名称	部门名称	人员类别	借方科目	贷方科目
应付工资	工程部	在职人员	管理费用（5502）	应付工资（2151）
	财务部	在职人员	管理费用（5502）	应付工资（2151）
	采购一部	在职人员	营业费用（5501）	应付工资（2151）
	采购二部	在职人员	营业费用（5501）	应付工资（2151）
	业务一部	在职人员	营业费用（5501）	应付工资（2151）
	业务二部	在职人员	营业费用（5501）	应付工资（2151）
	仓储部	在职人员	营业费用（5501）	应付工资（2151）
	计划部	在职人员	营业费用（5501）	应付工资（2151）
	生产一部	在职人员	制造费用（4105）	应付工资（2151）
	生产二部	在职人员	制造费用（4105）	应付工资（2151）

（8）单击"完成"按钮。返回到"分摊类型设置"对话框。

（9）单击"增加"按钮，在计提类型名称栏录入"应付福利费"，在分摊比例栏录入"14%",如图9-19所示。

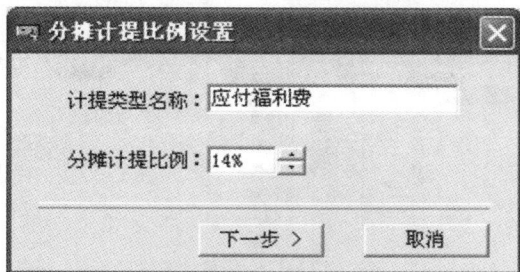

图9-19 分摊计提比例设置

（10）单击"下一步"按钮，打开"分摊构成设置"对话框，在"分摊构成设置"对话框中分别选择分摊构成的各个项目内容（注意：添加的信息参照表9-9）。

表9-9 **工资分摊构成设置**

计提类型名称	部门名称	人员类别	借方科目	贷方科目
应付福利费	工程部	在职人员	管理费用（5502）	应付福利费（2153）
	财务部	在职人员	管理费用（5502）	应付福利费（2153）
	采购一部	在职人员	营业费用（5501）	应付福利费（2153）
	采购二部	在职人员	营业费用（5501）	应付福利费（2153）
	业务一部	在职人员	营业费用（5501）	应付福利费（2153）
	业务二部	在职人员	营业费用（5501）	应付福利费（2153）
	仓储部	在职人员	营业费用（5501）	应付福利费（2153）
	计划部	在职人员	营业费用（5501）	应付福利费（2153）
	生产一部	在职人员	制造费用（4105）	应付福利费（2153）
	生产二部	在职人员	制造费用（4105）	应付福利费（2153）

（11）再单击"完成"按钮，返回到"分摊类型设置"对话框。

（12）单击"取消"按钮，暂时不进行分摊的操作。

7. 分摊工资并生成转账凭证

操作步骤：

（1）单击"业务处理"｜"工资分摊"，打开"工资分摊"窗口。

（2）分别单击"应付工资""应付福利费"前的复选框，并单击选中各个部门，如图9-20所示。

（3）单击"确定"按钮，打开"应付工资一览表"。

（4）分别选择相应的借贷方会计科目（注意：需要再次输入借贷方会计科目代码），单击"合并科目相同、辅助项相同的分录"前的复选框，如图9-21所示。

（5）单击"制单"按钮，生成应付工资分摊的转账凭证。选择凭证类别为

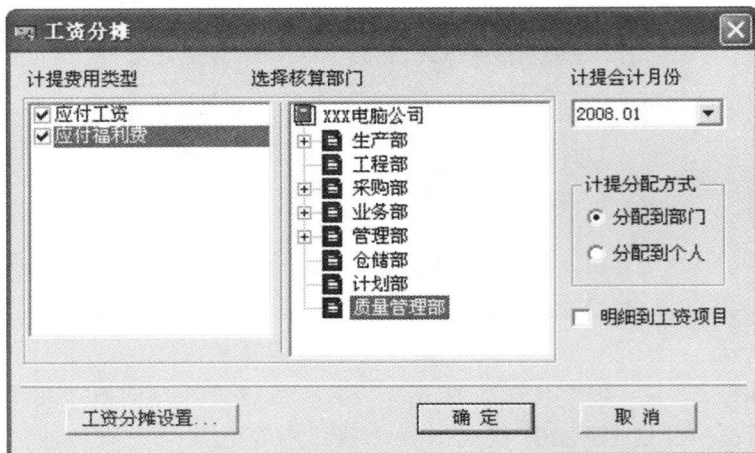

图 9-20 工资分摊

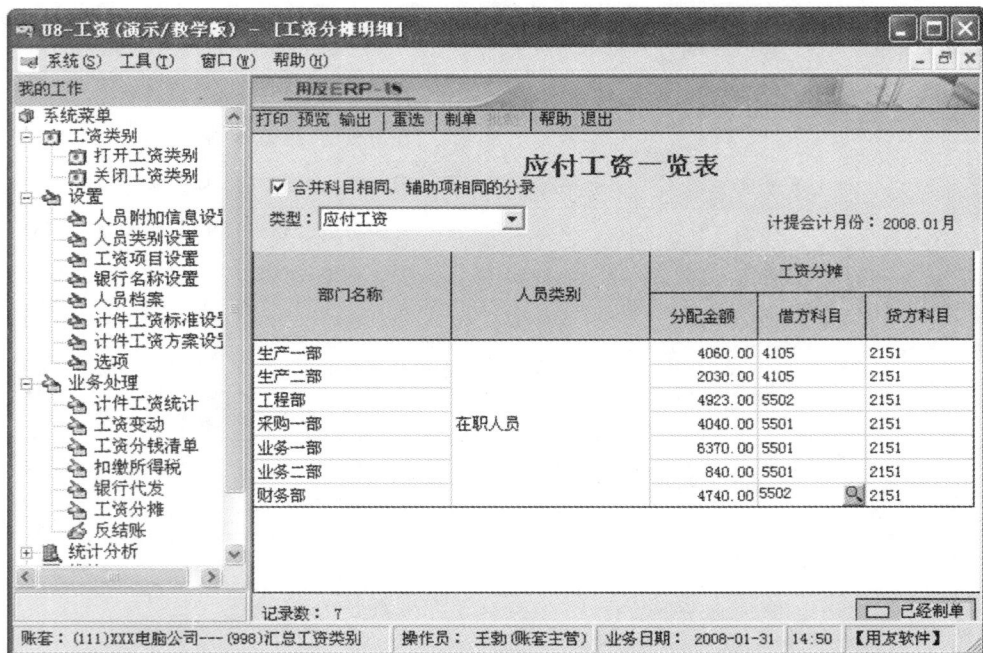

图 9-21 应付工资一览表

"转账凭证",单击"保存"按钮,如图 9-22 所示。

(6) 单击"退出"按钮,返回"应付工资一览表"。

(7) 单击"类型"栏下三角按钮,选择"应付福利费",分别选择相应的借贷方会计科目(注意:需要再次输入借贷方会计科目代码),并单击"合并科目相同、辅助项相同的分录"前的复选框,如图 9-23 所示。

(8) 单击"制单"按钮,生成应付福利费分摊的转账凭证。选择凭证类别为

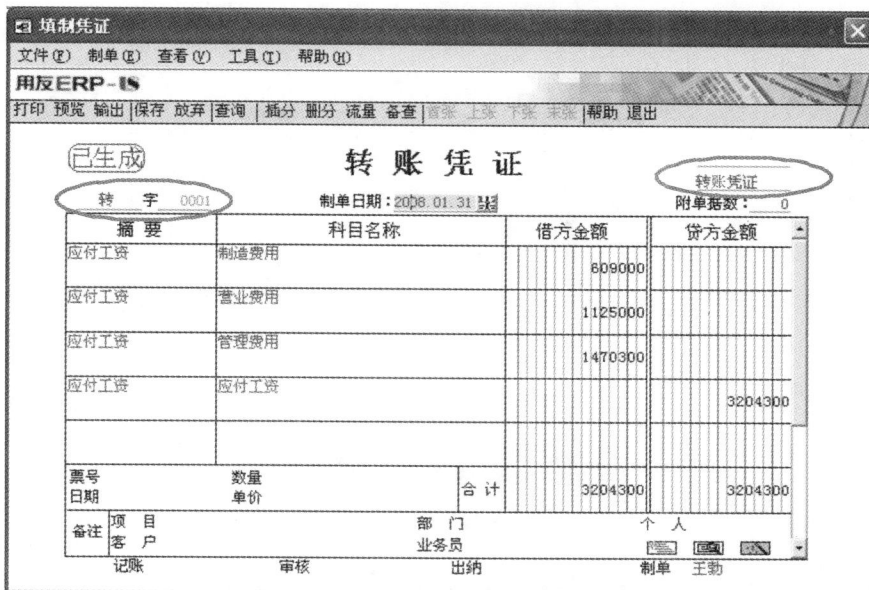

图 9-22 应付工资分摊转账凭证生成

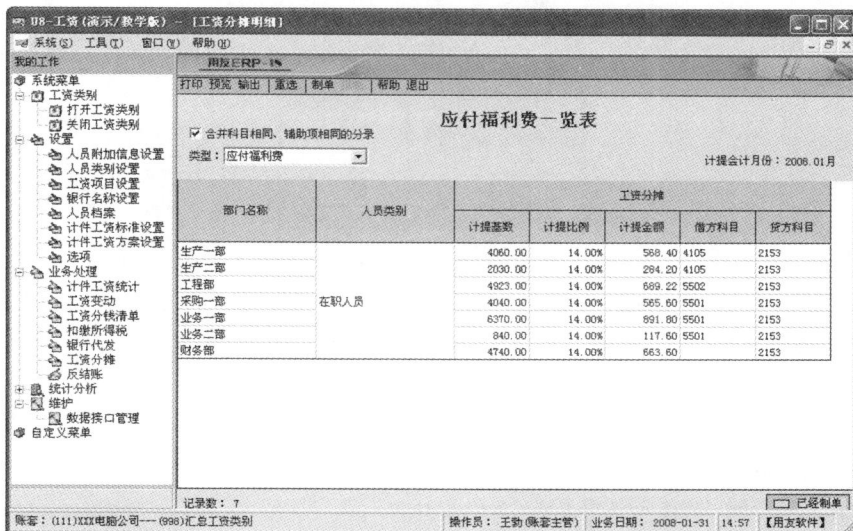

图 9-23 应付福利费一览表

"转账凭证",单击"保存"按钮。

8. 月末处理

操作步骤:

(1) 单击"业务处理"｜"月末处理",打开"月末处理"对话框,如图 9-24 所示(注意:需要对"管理人员"和"生产人员"分别做处理)。

(2) 单击"确认"按钮,系统提示"月末处理之后,本月工资将不许变动!

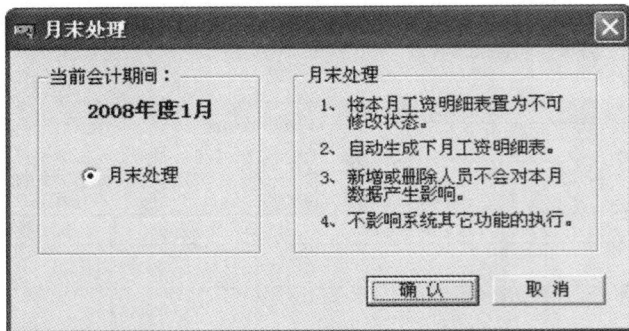

图 9-24　月末处理

继续月末处理吗?",如图 9-25 所示。

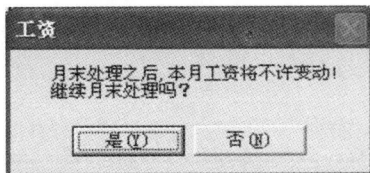

图 9-25　工资月末处理系统提示

（3）单击"是"按钮,系统提示"是否选择清零项?",如图 9-26 所示。

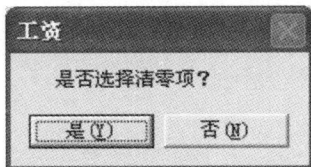

图 9-26　系统提示

（4）单击"否"按钮,系统提示"月末处理完毕"。

（5）单击"确定"按钮。

9. 账套备份

操作步骤（注意：具体步骤与实验一相同）：

在"d：\ 备份 \ 111 账套备份"文件夹中新建"4 工资业务处理"文件夹。将账套输出至"4 工资业务处理"文件夹中。

【实验总结】

本部分进行了工资业务处理实验,通过实验使学生了解工资业务处理的流程,掌握工资业务处理的内容,包括工资变动的录入、扣缴所得税、分摊工资、生成转账凭证以及月末处理等。这部分是工资管理的核心内容，通过此部分操作可以使学生感受到通过信息系统进行业务处理的效率和规范性。

实验思考题：

1. 通过工资系统进行工资业务处理通常分哪几个步骤？

2. 通过实际调查，真实的企业工资处理过程中还有哪些本次实验没有涉及的细节？

实验十　工资数据统计分析

【实验目的与要求】

了解工资数据统计分析的处理流程和内容，掌握工资发放条、部门工资汇总表等统计项目的查询和统计分析方法。

【实验准备】

已经完成实验四的操作，引入"d：\ 备份 \ 111 账套备份 \ 4 工资业务处理"文件中备份账套，将系统日期修改为"2008 年 1 月 31 日"，注册进入"工资系统"。

【实验内容及资料】

1. 查看工资发放条
2. 查看部门工资汇总表
3. 按部门进行工资项目构成分析
4. 查询 1 月份工资核算的记账凭证
5. 账套备份

【实验步骤】

1. 查看工资发放条

操作步骤：

（1）打开"汇总工资类别"，单击"统计分析"｜"账表"｜"工资表"。打开"工资表"对话框。

（2）在"工资表"对话框中，单击选中"工资发放条"，如图 10-1 所示。

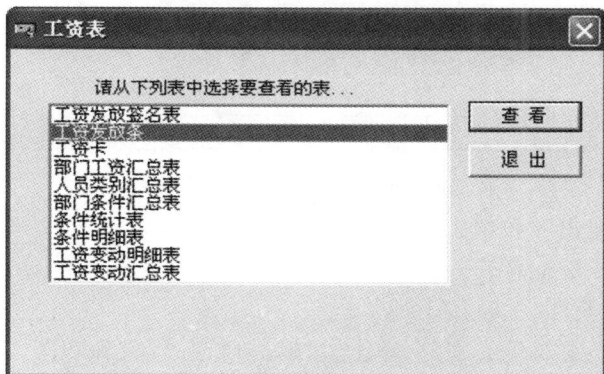

图 10-1　工资表

（3）单击"查看"按钮，打开"工资发放条"对话框。

（4）单击选中各个部门，并单击"选定下级部门"前的复选框，如图 10-2 所示。

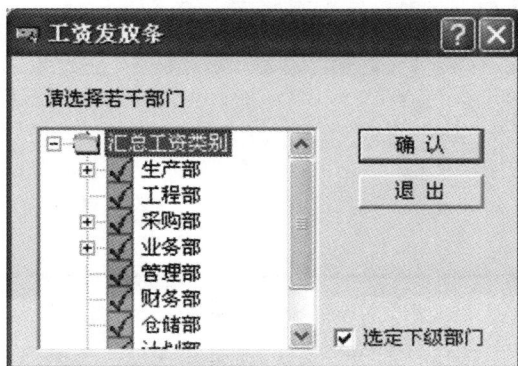

图 10-2　工资发放条（一）

（5）单击"确认"按钮，打开"工资发放条"窗口，如图 10-3 所示。

图 10-3　工资发放条（二）

（6）单击"退出"按钮，退出。

2. 查看部门工资汇总表

操作步骤：

（1）打开"汇总工资类别"，单击"统计分析"｜"账表"｜"工资表"。打开"工资表"对话框。

（2）选中"部门工资汇总表"，如图 10-4 所示。

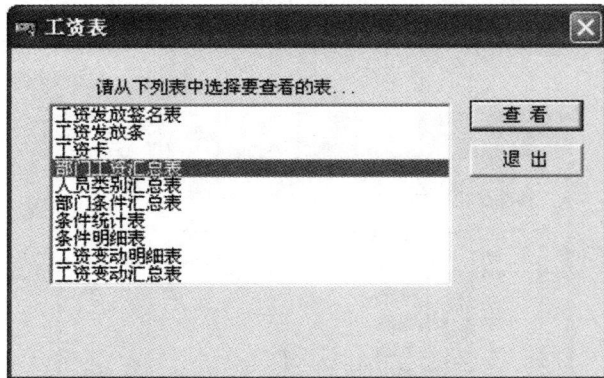

图 10-4　工资表

（3）单击"查看"按钮，打开"部门工资汇总表-选择部门范围"对话框。

（4）单击选中各个部门，并单击"选定下级部门"前的复选框，如图 10-5 所示。

（5）单击"确定"按钮，打开"部门工资汇总表-选择部门范围"对话框，如图 10-6 所示。

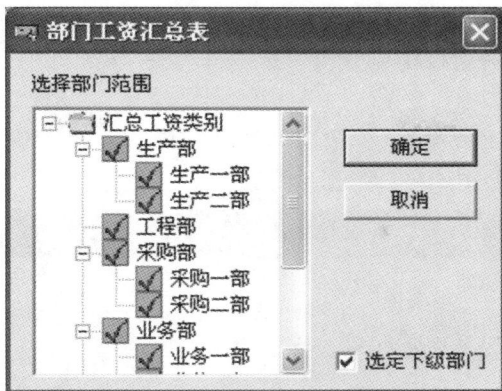

图 10-5 部门工资汇总表-选择部门范围

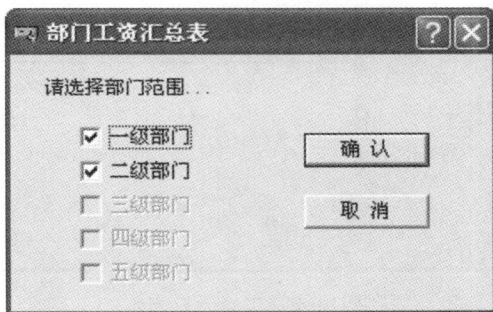

图 10-6 部门工资汇总表-请选择部门范围

（6）单击"确认"按钮，打开"部门工资汇总表"窗口，如图 10-7 所示。

图 10-7 部门工资汇总表

（7）单击"退出"按钮，退出。

3. 按部门进行工资项目构成分析

操作步骤：

（1）打开"汇总工资类别"，单击"统计分析"｜"工资分析表"。打开"工资分析表"对话框，如图 10-8 所示。

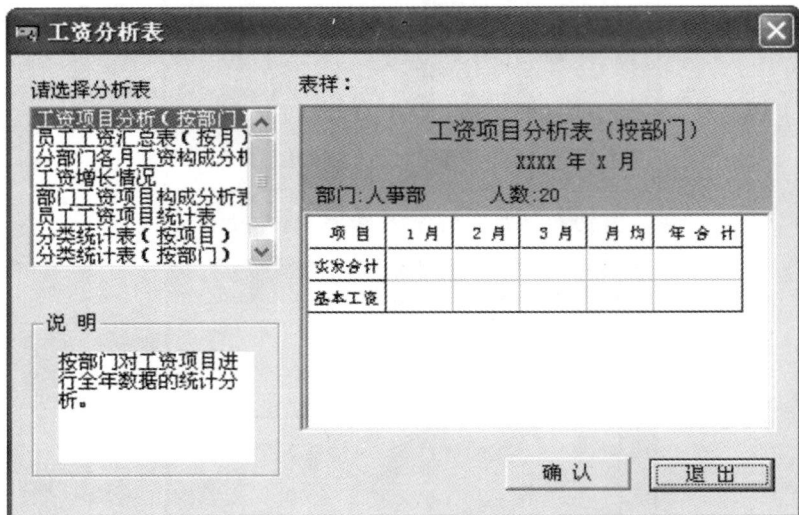

图 10-8　工资分析表

（2）单击"确认"按钮，打开"选择分析部门"对话框。

（3）在"选择分析部门"对话框中，单击选中各个部门，如图 10-9 所示。

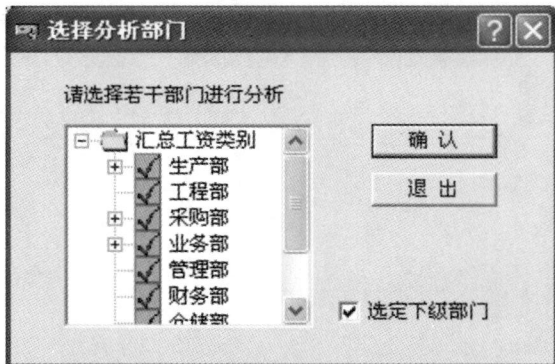

图 10-9　选择分析部门

（4）单击"确认"按钮，打开"分析表选项"对话框。

（5）在"分析表选项"对话框中，单击"《"按钮，选中所有的工资项目内容，如图 10-10 所示。

（6）单击"确认"按钮，打开"工资项目分析表（按部门）"窗口。

（7）单击部门栏下三角按钮，选择"财务部"，如图 10-11 所示。

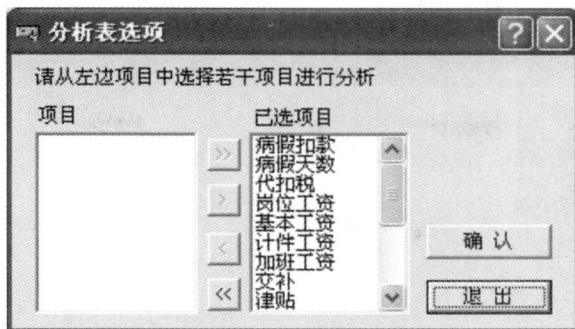

图 10-10　分析表选项

图 10-11　工资项目分析表（按部门）

（8）单击"退出"按钮，退出。

4. 查询 1 月份工资核算的记账凭证

操作步骤：

（1）打开"汇总工资类别"，单击"统计分析"｜"凭证查询"。打开"凭证查询"对话框。

（2）在"凭证查询"对话框中，单击选中"应付福利费"所在行，如图

10-12所示。

图 10-12   凭证查询

（3）单击"凭证"按钮，打开计提应付福利费的转账凭证，如图10-13所示。

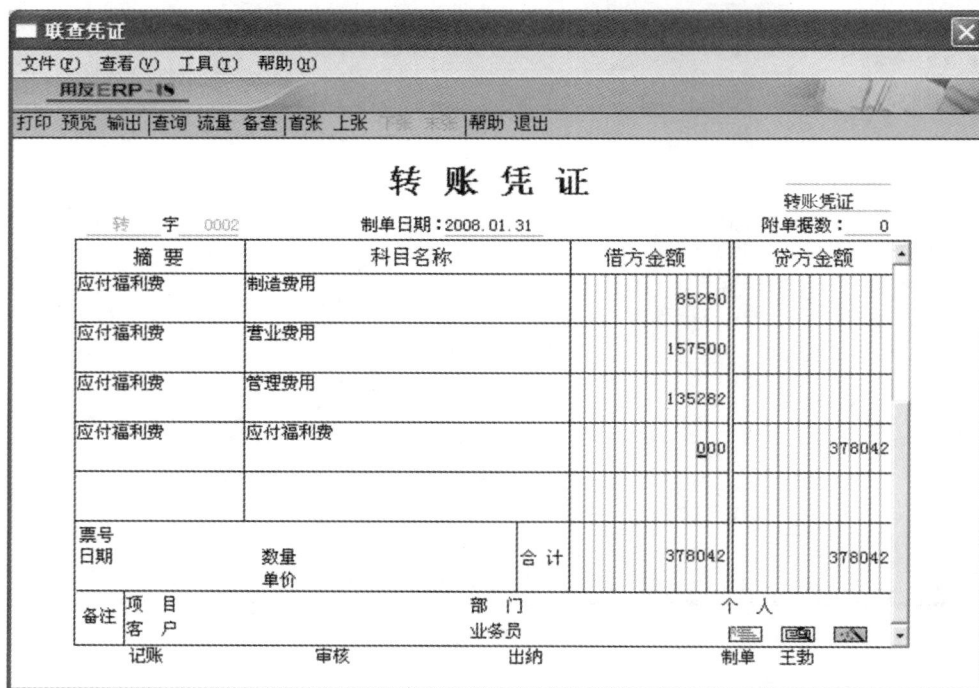

图 10-13   应付福利费转账凭证生成

（4）单击"退出"按钮，退出。

5. 账套备份

操作步骤（注意：具体步骤与实验一相同）：

在"d：\ 备份 \ 111账套备份"文件夹中新建"5工资业务处理"文件夹。

将账套输出至"5 工资业务处理"文件夹中。

【实验总结】

本部分进行了工资数据统计分析实验，通过本实验使学生了解工资数据统计分析的流程和方法，了解查询和分析的内容。这部分是总结性的，是在工资业务处理完成后，对某一个月的企业工资状况的查询和分析。

实验思考题：

1. 工资系统的查询和统计分析内容包括哪些？

2. 总结工资管理应包括的业务内容，并用流程图的形式表示出来。

3. 调查一个组织的工资管理现状，并设计实验数据，通过 U8 体验工资管理具体业务过程。

信息系统建设篇

　　管理业务调研、信息系统分析、信息系统设计是整个管理信息系统建设的重要内容，是信息系统建设能否成功的关键。管理类专业的学生应该在教师的指导下能够开发一个具体的管理信息系统，实际领会信息系统调查、信息系统分析、信息系统设计等阶段的具体工作，加深对教学内容的理解。本部分安排了社会实践调研、信息系统分析实验和信息系统设计实验。

实验十一　社会实践调研

【实验目的】

进入到具体的企业或社会组织了解其在管理信息系统建设方面的具体情况，准确把握调研对象的管理信息系统需求，并在此基础上为调研对象分析、设计合适的信息系统建设方案。

【实验内容】

1. 社会实践调研的内容

（1）组织机构及业务功能调查

①现行系统组织机构设置、岗位职责和行政隶属关系及组织的业务范围。业务范围也称职能范围或职能域，是企业或组织的某个主要业务领域。

②现行系统的业务功能调查，功能指业务具有的作用和能效，业务功能分配到组织或组织的某个部门或某个岗位时，形成了职能范围或岗位职责。职能是可以变化的，业务功能相对于组织结构是独立的。把业务功能抽象出来，按功能设计系统和子系统使信息系统具有较强的生命力和良好的柔性。

组织机构调查的结果用组织机构图表示。业务功能调查的结果用功能图及简明的文字进行说明。

（2）业务流程和数据流程调查

流程就是做事的顺序，它是一组将输入转化为输出的相互联系或相互作用的活动。流程由活动组成，各个活动之间有着特定的流向，它包含着明确的起始活动和终止活动。业务流程是在功能确定的组织结构中，能够实现业务目标和决策的、相互连接的过程和活动的集合。

在识别业务流程的基础上，用流程描述工具——业务流程图描述和表示出来，业务流程图（Transition Flow Diagram，TFD）是一种描述管理系统内各单位、人员之间业务关系、作业顺序和管理信息流动的流程图，它用一些规定的符号及连线表示某个具体业务的处理过程，它可以帮助分析人员找出业务流程中的不合理流向。

业务流程图基本上按照业务的实际处理步骤和过程绘制，是一种用图形方式反映实际业务处理过程的"流水账"。业务流程图是业务流程调查结果的图形化表示。它反映现行系统各机构的业务处理过程和它们之间的业务分工与联系，以及连接各机构的物流、信息流的传递和流动关系，体现现行系统的界限、环境、输入、输出和数据存储等内容。

数据是信息的载体，是信息系统要处理的主要对象。对业务流程图舍去物质流抽象成数据流程图。数据流程图（Data Flow Diagram，DFD）是进行数据流程分析的主要工具，也是描述系统逻辑模型的主要工具。数据流程图用几种基本符号反映了信息在系统中的流动、存储和处理。

数据处理流程强调的是"数据流程"，即业务流程发生时，业务员考虑的内容：什么地方送来的什么数据，进行什么处理，然后产生什么信息，送往何处或存储在什么地方，然后又做什么处理……这一过程的调查可按下面一系列问题进行：

①某个业务流程怎样开始，如何终止？其间要经过哪些步骤？

②每个步骤进行什么处理？输入什么数据？输出什么信息？这些信息的名称是什么？

③输入数据由谁在什么时间送来？什么时间处理？输出信息送给谁或什么部门？

④完成该流程需要多少时间？

⑤该流程运作的频繁程度如何？流程活动发生的高峰是什么时间？发生量是多少？

⑥该流程常常会出现哪些例外情况？

⑦该流程是企业的核心流程吗？它的运作是否合理、规范？需要优化或再造吗？

（3）数据调查，编制数据字典

DFD 表示了数据的处理流程，包括数据流和数据存储的名称，例如，××凭证、××账册、××报表等，但它们的数据结构细节并不清楚。数据调查的主要任务是要搞清现行系统的数据组织和数据结构的细节，从而搞清现行系统的数据模型，具体内容如下：

①收集 DFD 上出现的所有数据流和数据存储的信息载体。

②调查：每个数据载体的用途，即由哪个部门制表；载体的类别：属于原始凭证、报表还是账册；在数据加工过程中的主要状态：输入／输出／存储。

③调查组成载体的每个数据项的特征，例如是字符型还是数值型，长度是多

少，数据的取值范围，即最大取值和最小取值。

④数据的重要程度和保密性，例如，各类管理人员对数据操作的权限。

⑤数据项之间的逻辑计算关系。

数据调查产生以下资料：

①收集全部业务单据的样式，最好是带有数据的。凡是 DFD 中出现的凭证、账册、报表都要收集。

②将收集到的全部表单资料进行分类，例如按业务主题进行分类。汇总结果做成现行系统信息调查表。

③利用一套空白单据，记载有关数据项的特征，如数据项类型、长度、取值范围等。

以上资料记录了现行系统的数据组织和结构，对于人工系统来说，这些数据资料的集合就是现行系统的数据模型，其中包含了数据的用户视图，是进行数据库设计的重要依据。

（4）处理逻辑调查

所谓处理逻辑是指数据被处理和加工的逻辑关系和算法。数据流程图中的处理逻辑有的比较简单，有的则比较复杂。对于比较简单的处理逻辑在数据字典中做了简要的定义，但对于比较复杂的要用表达处理逻辑的工具：结构式语言、决策树、决策表等。

（5）查询及决策要求调查

企业各管理层的人员根据自己的需要常常要查询一些信息，如销售员经常要查询库存总账，了解可供资源以满足客户购货的需要；采购员常常要了解各种物资的库存量以便及时向有关部门提出采购申请；公司经理常常要了解未来季度某种物资的需求数量，以便预计下季度的进销额；公司经理常常要了解公司各种经济指标的完成情况，以便做出长远的战略发展规划。

这些查询有的经常发生，有的偶然发生。调研时必须向各层次的人员了解查询要求，以便有针对性地组织数据库和数据仓库。

除了查询以外，企业的各管理层都需要做决策，特别是对于组织的高层决策者，用信息系统辅助他们的决策，调研时要认真听取中高层决策人员的要求。如经常做什么决策；决策过程需要什么信息；当前的某些决策过程缺少哪些信息；能否用现代经济管理模型辅助决策，使将来设计的新系统具有较强的辅助决策功能。

（6）调研的其他内容

调研的其他内容包括企业代码使用情况：哪些已用了代码，是国标、部标还是企业标准，哪些还没有使用代码，哪些实体需要代码化。

2. 调研的方法

（1）面谈

面谈是指通过口头提问的方式收集信息，面谈的对象是系统的用户，如企业领导或业务人员。为了取得较好的面谈效果，应尽量选择精通本职工作、经验丰富、善于表达的业务人员，面谈前应列出调查提纲，预约面谈时间，让面谈对象了解谈什么，以便事先做好充分准备。

与不同层次的人员面谈，内容上有很大的差异。如与局长、经理面谈的主要内容应集中于组织战略、经营目标、管理目标、对企业长短期计划与效果的考虑，经常做些什么决策，做这些决策时要了解哪些信息。与业务主管面谈时，如处长、科长等，调查内容应侧重于他所负责的业务活动范围，如本部门的工作目标、部门对企业的贡献、业务范围、业务流程、与外部的联系、人员分工状况、存在什么问题等。与基层业务人员面谈时，应侧重了解他的工作职责、业务处理流程细节、数据细节、与其他工作人员的业务关系、业务处理中常常发生哪些异常情况等。

面谈过程中，应自始至终围绕需要了解的问题发问，提问要步步深入，面谈内容要及时总结。

（2）收集各种工作规程和有关资料

企业的管理工作常常以各种规章制度、流程规定、历史资料、工作标准等形式形成文件，作为企业工作的依据和准则，如公司编制的"经营管理业务工作规程"、统计局下达的"统计员手册"、国家颁布的各种编码标准等。

（3）直接观察

直接观察可以获得一些其他方法无法获得的信息，面谈是收集资料的一种间接方式，而收集资料看不出实际的操作过程，直接观察能获得各种业务活动的直接原始信息。

（4）问卷调查

问卷调查时通过编制问卷和调查表来收集信息，是其他调查方法的补充。

【实验要求】

1. 调研对象必须是客观实际对象，需要提供联系人的姓名及联系方式。
2. 调研的内容必须真实可靠。
3. 调研后提交所掌握材料的目录及具体收集或整理的文档。
4. 业务流程、数据处理是调研的重点内容。
5. 如获取的材料不充足，需要进行进一步的调研活动，必要时需要考虑更换调研对象。

实验十二　信息系统分析实验

【实验目的】

1. 能正确运用信息系统分析的方法和工具，结合一个模拟管理业务课题，复习、巩固信息系统分析的相关知识，提高信息系统分析的具体实践能力。
2. 会使用信息系统分析工具（组织结构图、功能结构图、业务流程图、数据流程图、数据字典等）。
3. 掌握结构化系统分析思想，提高分析问题、解决问题的能力，会撰写系统分析报告。

【知识准备】

1. 信息系统分析的任务

系统分析，也称逻辑设计，即建立新系统的逻辑模型，在逻辑上规定新系统的功能，但不涉及新系统具体的物理实现，也就是要解决"系统做什么"的问题。其任务为：

（1）分析用户要求

分析用户在系统功能、性能等方面的要求及用户在硬件配置、开发周期、处理方式等方面的意向与打算。

（2）现行系统的详细调查

现行系统的详细调查是通过各种方式和方法对现行系统作详细、充分和全面的调查，弄清现行系统的边界、组织机构、人员分工、业务流程、各种计划、单据和报表的格式、处理过程、企业资源及约束情况等，使系统开发人员对现行系统有一个比较深刻的认识，为新系统开发做好原始资料的准备工作。

（3）组织结构与业务流程分析

在详细调查的基础上，用图表和文字对现行系统进行描述，详细了解各级组织的职能和有关人员的工作职责、决策内容对新系统的要求、业务流程各环节的处理业务及信息的来龙去脉。

（4）系统数据流程分析

在对业务流程分析的基础上，分析数据的流动、传递、处理与存储过程，用数据流程图进行描述，建立数据字典。

（5）建立新系统的逻辑模型

在系统调查和系统化分析的基础上建立新系统的逻辑模型，采用一组图标工具来表达和描述新系统的逻辑模型，使新系统的概貌清晰地呈现在用户面前，方便分析人员和用户对模型进行交流讨论，在与用户充分交流的条件下使新系统的逻辑模型得到完善。

（6）提出系统分析报告

对前面的分析结果进行总结，编制系统分析阶段的成果文档，把用户要求整理成文，完成系统分析报告。

2. 信息系统分析的方法

结构化系统分析是用系统的思想、系统工程的方法，按用户至上的原则，结构化、模块化，自顶向下地对信息系统进行分析，并用结构化分析的图表作为系统逻辑模型描述的主要手段。结构化系统分析的图表工具主要有功能结构图、业务流程图、数据流程图、数据字典、决策树与决策表以及数据处理说明等。

【实验资料】

某高等学校考试管理业务简介

某高校是东北地区一所普通高等院校，现有教师 680 余人、20 个教学单位、45 个本科专业。学校为了检验教学质量和学生的学习情况，每学期都要组织学生进行各种形式的考试，学校领导、教师对这些考试都很重视，这也是教学工作的重要组成部分。学校的考试管理一直沿用手工抄写卡片、报表、单机处理的管理方式。随着国内高等教育事业的快速发展，该校的规模不断扩大，短短几年内本科学生人数由 1 万人发展到 2 万多人，原有教学管理人员已经难以应付随之猛增的学生管理工作，同时原有考试管理方式落后，容易出现错误，不能及时向老师和学生提供各类考试信息的不足日益突显，这在一定程度上影响了教学管理改革的进程。学校领导非常重视这个问题，决定拨出专款建立一套能动态反映考试管理的信息系统。新开发的考试管理信息系统可以及时查询学生在校期间的各种信息及其变化，并能对这些信息进行各种统计分析，使管理者能从不同角度掌握学生个体和群体的成绩情况，并以此带动学校信息化管理的步伐，提高教学管理水平。

学校考试管理工作由教学副校长分管，教务处具体负责，与考试管理有关的业务部门有：教务处的教学管理科、二级院系的办公室和教研室。学校考试管理包括学生信息管理和成绩管理两部分工作。学生信息管理的过程是，当学生人员发生变动时，负责学生信息管理的人员应及时对变动人员进行添加或修改。每年新生入学时，负责学生工作办公室的人员应及时向教务处提供新生信息，并由教务处将其存入学生信息库以备用；学生毕业后，应将毕业生信息存入往届毕业生信息库中，并在考试管理信息系统中删除该学生信息。其他学生的变动信息应及时更新，经过检查的变动名单由学生信息管理人员进行整理，并存入学生信息库中。学生成绩管理的过程是，每当考试完毕后，任课教师把成绩单一式三份分别送教务处、各院系办公室和学生工作办公室，成绩录入人员将整理后的成绩输入到学生成绩库中；录入成绩完毕后，统计分析人员应根据学生信息库文件和学生成绩库文件汇总出各班总成绩、各科总成绩和学生总成绩等资料，并把这些汇总后的资料报送有关人员（教学管理人员、辅导员、学生）。

【实验步骤与内容】

1. 根据上述系统描述，进行实地调查，或通过 Internet 查阅相关资料，结合个人经验进行信息系统分析。

2. 通过管理业务调查，绘制学校学生管理的组织机构图、管理功能图、业务流程图、数据流程图和数据字典。

3. 在上述工作基础上，完成该高等院校学生管理信息系统的系统分析，提出新系统的逻辑方案，提交信息系统分析报告。

系统分析报告的内容包括：

● 引言：说明项目的名称、目标、功能、背景、引用资料等。

● 现行系统的调查情况（列出系统的目标、主要功能、组织机构、用户要求等，并简要指明问题所在）。表达工具有组织机构图、业务流程图、数据流程图、数据字典、数据加工处理的描述等。

● 新系统的逻辑模型：通过对现行系统的分析，找出现行系统存在的主要问题，进行必要的改动，得到新系统的逻辑模型。

【实验总结】

　　每个学生或小组独立完成一份系统分析报告，并编辑成文本上交。在系统分析报告的最后写明体会和分析过程中存在的问题。

　　实验思考题：

　　1. 为什么说系统分析是开发信息系统的重要阶段？通过该实验，你有何体会？

　　2. 在系统分析阶段，你遇到的最大困难在哪些地方？

　　3. 系统开发中，系统分析员的职责是什么？

实验十三　信息系统设计实验

【实验目的】

1. 能正确运用信息系统设计的过程与方法，结合一个模拟管理课题，复习、巩固管理信息系统设计的知识。

2. 熟悉代码设计、数据库设计、用户界面设计、系统物理配置方案设计等环节，并会编制相应的文档资料。

【知识准备】

1. 信息系统设计的任务

系统设计是在系统分析的基础上，按逻辑模型的要求，科学合理地进行系统的总体设计和详细设计，为下一阶段系统实施提供必要的技术资料。其中，总体设计又称结构设计或概念设计，内容包括将系统划分成功能模块、功能模块之间的调用关系、画出模块结构图；详细设计是为各个具体任务选择恰当的技术手段和处理方法，包括代码设计、数据库设计、用户界面设计、系统物理配置方案设计和系统设计说明书等。

2. 信息系统设计的方法

信息系统设计一般采用结构化系统设计的方法，将系统设计成由相对独立、功能单一的模块组成的结构，它是以系统的逻辑功能和数据流关系为基础，根据数据流程图和数据字典，借助于一套标准的设计准则和图表工具，通过"自上而下"和"自下而上"的反复，把系统逐层划分为多个大小适当、功能明确、具有一定独立性且容易实现的模块，从而把复杂系统的设计转变为多个简单模块的设计。

【实验资料】

系统业务描述及系统分析报告见实验十。

【实验步骤与内容】

1. 根据实验十信息系统分析报告的内容，进行系统设计。系统设计包括模块结构设计、代码设计、数据库设计、用户界面设计、系统物理配置方案设计等。

2. 在计算机上实现上述内容，完成一个实用的、可运行的管理信息系统。

3. 提交信息系统设计报告。

系统设计报告的内容包括：

（1）引言。

说明项目的背景、工作条件及约束、引用资料和专门术语。

（2）系统总体技术方案。

①模块设计。

用模块结构图表示系统模块层次结构，说明主要模块的名称、功能。

②代码设计。

说明所用代码的种类、功能、代码表。

③数据库设计。

说明数据库设计的目标、主要功能要求、需求性能规定、运行环境要求、逻辑设计方案、物理设计方案。

④用户界面设计。

包括输入设计、输出设计和用户界面设计。

⑤物理配置方案设计。

包括系统软硬件设计和网络设计。

⑥实施方案说明。

说明实施的计划安排，给出各项工作的预定开始和结束的日期，规定各项工作完成的先后次序及工作完成的标志。

【实验总结】

　　每个学生或小组独立完成一份系统设计报告，并编辑成文本上交。在系统设计报告的最后写明体会和设计过程中存在的问题。

　　实验思考题：

　　1. 系统设计包括哪些工作？

　　2. 信息系统设计的难点在哪里？你遇到的最大困难在什么地方？通过该实验，你有何体会？

综合应用篇

　　管理信息系统课程设计作为独立的教学环节，是学习完管理信息系统课程后进行的一次综合应用练习。其目的是使学生加深对于信息系统基础知识和基本理论的理解，掌握管理信息系统分析设计的基本方法，提高学生实际开发管理信息系统的能力。本篇介绍了管理信息系统课程设计的目的、要求、内容、课程设计参考题目，并给出了管理信息系统课程设计范例。

管理信息系统课程设计指导

第一节　管理信息系统课程设计指导书

1. 课程设计目的与要求

（1）教学目的

实践性强是管理信息系统课程的突出特点，管理信息系统课程设计作为独立的教学环节，是学习完管理信息系统理论课程后进行的一次全面的综合练习。其目的在于加深对管理信息系统基础理论和基本知识的理解，掌握使用信息系统分析、设计的基本方法和管理工作所必需的调查、获取、分析、表达信息的基本技能，提高解决实际管理问题、开发信息系统的实践能力，进而把学生培养成为既能参与管理信息系统的开发、维护和管理，又能从事计算机信息处理和信息管理的复合型人才。

课程设计能充分体现"教师指导下的以学生为中心"的教学模式，以学生为认知主体，充分调动学生的积极性和能动性，重视学生自学能力的培养。

（2）课程设计的要求

用管理信息系统开发工具（例如 Access、Visual Foxpro、VB、PowerBuilder、JSP、ASP 等）开发一个实用的小型管理信息系统。课程设计具体要求如下：

①根据课程设计时间和个人能力，在导师的协助下选择适当规模大小的设计课题。

②合理地安排设计进度，按照系统开发的流程及方法，认真进行课程设计。

③课程设计过程中，根据选题的具体需求，在开发各环节中撰写相关的技术文档，最后提交详细的课程设计报告。

④开发出可以运行的管理信息系统产品，并通过上机检查。

2. 课程设计的组织管理

一个课程设计小组以 4～5 人为最好。人数过多，不能使每个人都充分地参与其中；人数过少，则每个人负担过重，也不利于学生体验项目团队合作的精神。在组成课程设计小组时，可以由学生自由组合，也可以由教师根据学生各方面的能力进行合理搭配分组。一个课程设计小组自始至终负责一个项目，从系统调查、系统规划、系统分析、系统设计，一直到系统实施、交付使用。

考查课程设计的成绩由三部分组成：（1）课程设计报告完成情况，占30%。（2）管理信息系统软件的开发实施情况，占40%。（3）课程设计过程中的工作态度（小组成员评价），占30%。成绩评定实行百分制。

3. 课程设计的内容

（1）课程设计题目

指导教师与学生共同研究、探讨选择某一现实的管理系统，课题的选择要大小适中，"麻雀虽小，五脏俱全"，让学生结合课堂学习的理论知识，建立一个实际的管理信息系统，使学生在整个系统开发过程中得到锻炼。

课题来源：①社会实践课题；②教师根据教学经验指定课题。

题目格式：××管理信息系统分析、设计与实现

（2）课程设计内容

课程设计报告内容包括：封面、目录、正文、致谢、附录和参考资料，原则上不少于5 000字。封面需要注明设计选题、班级、姓名、学号及课程设计中承担的任务概述。正文至少包括如下几个方面的内容：

①项目开发的可行性分析

通过对所选课题进行详细调查、分析和归纳，写出系统可行性研究报告，主要内容包括：组织机构操作方式上的可行性，基础数据的可用性，经济上的可行性，技术上的可行性。

②项目开发计划

在系统调查和分析的基础上，制订一个项目开发计划，内容包括：项目开发组织机构的设置和人员的安排，项目开发的进度，项目所需的硬件和软件资源等。

③系统分析报告

内容包括：功能结构图、业务流程图、数据流程图、数据字典、数据加工处理的描述等管理信息系统新逻辑模型。

④系统设计报告

内容包括：功能结构图设计、新系统信息处理流程设计、系统用户界面设计、数据库结构设计、代码设计、系统物理方案设计等。

⑤系统实施

内容包括：程序框图、源程序、模拟运行数据、打印报表、系统使用说明书等。

4. 管理信息系统课程设计参考题目

（1）学生成绩管理信息系统。要求实现如下功能：

- 学生成绩录入；
- 学生成绩增删改；
- 学生成绩查询；

- 学生成绩统计分析等。

（2）宾馆管理信息系统。要求实现如下功能：

- 客房管理；
- 客房预订和变更；
- 客房信息查询；
- 住宿结算（住宿、餐饮、通信、娱乐等各种费用）。

（3）合同管理信息系统。系统包括合同单、发货单、回款单管理。要求实现如下功能：

- 动态跟踪合同的执行情况；
- 动态反映各客户各品种发货量、销量和积压量，使领导掌握各客户各品种积压情况，及时调出各销售网点的积压产品；
- 动态反映各客户本期发货、累计发货、本期收款、累计收款、上期欠款和实欠款数；
- 春、秋两季间换季处理和年处理；
- 产生各类汇总表和满足各项查询要求。

（4）学校田径运动会成绩统计信息系统。要求实现如下功能：

- 登记各项比赛成绩；
- 根据预赛成绩确定决赛名单；
- 实时报告各项竞赛成绩，包括是否打破校级记录；
- 统计各代表队的男女总分、名次；
- 统计各代表队总分、名次；
- 管理奖品的发放。

（5）客户管理信息系统。要求实现如下功能：

- 建立客户档案；
- 增加新客户处理；
- 修改、删除某客户处理；
- 定期按销售额重新确定客户级别，以便在销售政策上分别对待；
- 查询客户情况。

第二节　管理信息系统课程设计范例

某高校论文指导系统的分析、设计与实现

本节给出一个高校院系论文指导系统开发的实例，希望通过这个系统开发案例的介绍，能够使大家进一步了解管理信息系统的开发步骤，以及在开发过程的各个

阶段中开发者应该完成的各项具体工作内容和应提交的书面成果。本例采用 JSP 语言进行系统开发，选用的数据库为 Access。有关 JSP 和 Access 的知识在这里不作赘述，请参阅相关书籍。

1. 某高校院系论文指导业务简介

某高校拥有在校本科生 10 000 多人，在职教师 680 余人。其中，应届本科毕业生 2 000 多人，正常情况下所有应届毕业生都须进行毕业论文答辩，答辩合格方可获得学位证书。

在该学校，与论文写作指导和答辩有关的业务部门有：教务处的教学管理科和二级院系的办公室和教研室。教学管理科负责组织论文写作指导和答辩业务的开展；二级院系的办公室负责统计本院系参加论文答辩学生的信息，管理学生在论文撰写过程各阶段提交的文字材料，统计学生论文答辩成绩，以及将相关资料报送教学管理科审核、存档；教研室负责组织教师按照预先分配的指导任务对相应的学生给予论文写作指导，按照学校规定填写学校统一发放的本科论文答辩工作记录等材料的相关内容，并根据学生在整个论文撰写过程中的表现和答辩情况给出最终成绩。

该校现行的论文写作指导和答辩工作是按如下工作流程进行的：

每学年上学期期末，各二级院系的办公室组织完成论文指导教师与学生的双向选择工作。一般情况下，每位导师可带 2~4 名学生，各导师独立指导自己的学生完成论文撰写工作。学生可自行选题，亦可在导师的指导下选题，提交开题报告，由导师给出修改意见。此后，在下个学期毕业之前，还要分阶段完成论文大纲、初稿、二稿以及定稿的撰写工作。每一个阶段都要形成相应的文字材料提交给指导教师，由指导教师根据论文写作完成的实际情况给予批示。为了保证论文写作的顺利进行，教师和学生双方需进行及时、有效的沟通。答辩之前，指导教师依学生论文写作过程中的表现给出一个评分，这个成绩将和答辩委员会给出的答辩成绩进行加权运算作为学生论文的最终成绩，经院系办公室统计、整理形成论文成绩汇总表（见表 14-1）和指导信息汇总表（见表 14-2），报送教学管理科。

表 14-1　　　　　　　　　　　　论文成绩汇总表

学号	姓名	导师	论文题目	导师评分	答辩成绩	总成绩	等级
0310001	林扬	孙立	网吧管理系统分析与设计	77	83	81	良
0310002	吴佳	李明	人力资源管理系统的设计	95	82	86	良
0310003	胡广	孙立	宾馆管理系统设计与实施	71	76	75	中
0310004	张华	李明	商品销售系统设计与实施	91	91	91	优
0310005	林扬	程亮	网吧管理系统分析与设计	77	83	81	良
⋮	⋮	⋮	⋮	⋮	⋮	⋮	⋮

表 14-2　　　　　　　　　　　　　　　**指导信息汇总表**

导师姓名	学生姓名	论文题目	论文属性
王永艳	刘华	个人网站设计	应用方案设计
	郑明	物资管理信息系统的开发与设计	应用方案设计
郭丽姝	孙福建	基于 VB 技术的企业考勤管理系统	科学研究
	王志宏	医院工资管理系统的开发与设计	应用方案设计
张伟	李世勇	高校课程管理系统	应用方案设计
⋮	⋮	⋮	⋮

教学管理科汇总全校各院系应届毕业生论文成绩，为学位管理系统生成基础数据。

2. 系统分析

根据收集到的各种表格、文件等工作文档，加之亲身实践以及对有关业务管理人员的访问调查，得出如下分析结果：

（1）组织机构

与论文写作指导和答辩有关的组织机构如图 14-1 所示。

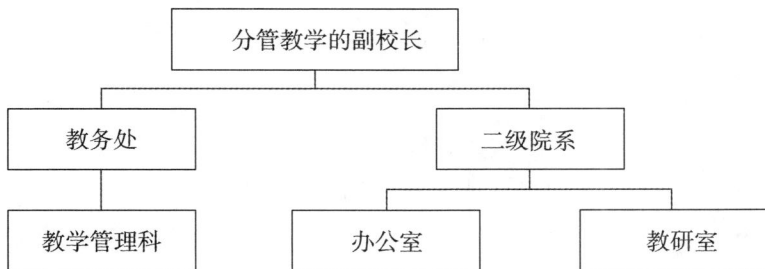

图 14-1　组织机构图

（2）管理职能分析

①分管教学的副校长：全面负责论文指导和答辩业务管理，站在全局的高度，制订年度论文指导和答辩计划，对相关重大问题进行审批，提出处理意见等。

②教务处：教务处教学管理科负责汇总二级院系采集的参加论文答辩学生的信息，汇总各院系学生论文成绩，提出学位发放相关意见。

③二级院系：二级院系办公室负责收集参加论文答辩学生的信息，组织开展论文写作指导教师和学生的双向选择工作，及时收集和整理论文写作过程中形成的各种文字材料，组织教师完成论文成绩评定，将成绩统计、整理后，报送教务处的教

学管理科。

（3）业务流程分析

对有关部门的管理职能进行细致的分析后，得到现行论文写作指导和答辩系统的业务流程图，如图 14-2 所示。

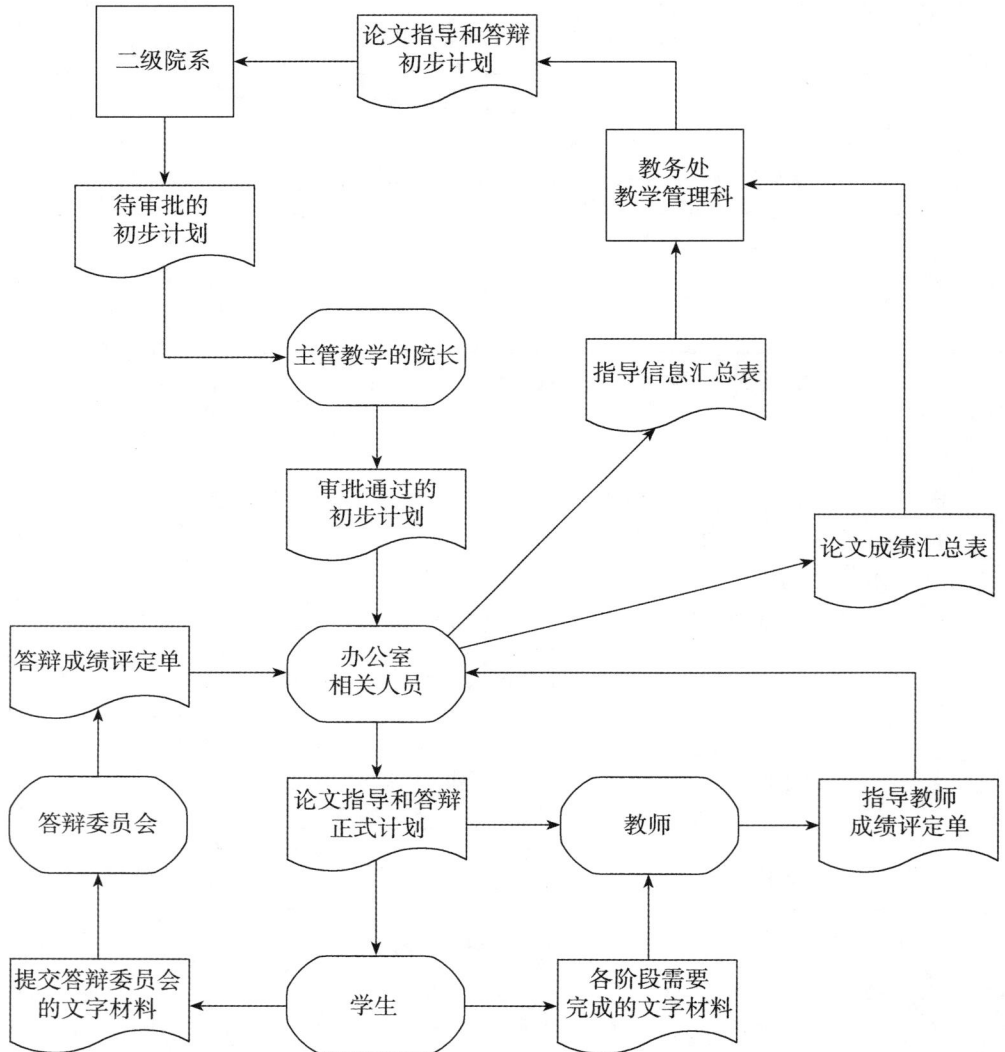

图 14-2　业务流程图

首先，教务处教学管理科拟订初步的论文指导和答辩计划，初步计划经二级院系分管教学的院长审批、修改后，成为正式计划；同时，各院系负责采集教师和学生的基本信息，如学生的学号、姓名、联系方式以及指导教师的姓名、联系方式等。院系办公室相关人员将收集到的信息按照统一格式汇总制表。

各院系严格根据正式计划，对各阶段的论文指导工作进行监督和检查。本校的论文写作分以下阶段进行：论文开题报告的撰写；论文大纲的撰写；一稿的撰写；二稿的撰写以及最终定稿的撰写。其中，指导教师须遵循论文写作规范对学生在各阶段提交的成果进行检查，并提出相应的修改意见，从而引导学生顺利完成下一阶段的写作任务。指导教师根据学生在论文写作过程中的表现以及定稿的质量作出成绩评定，并据此决定是否允许该学生参加答辩。院系办公室相关人员将学生在论文写作过程中提交的书面材料整理归档。

各院系独立组织论文答辩，答辩委员会依据学生完成的论文以及答辩表现为学生评分。院系办公室相关人员按照学校规定的权重，将指导教师的评分和答辩委员会的评分进行加权运算，即得到学生论文的最终成绩，将这些成绩汇总制表，提交教务处教学管理科。同时，组织成绩未达标的学生进行二次答辩。

（4）数据流程分析

根据前面的业务流程分析，我们不难得出现行系统的顶层数据流程图（如图14-3所示）。

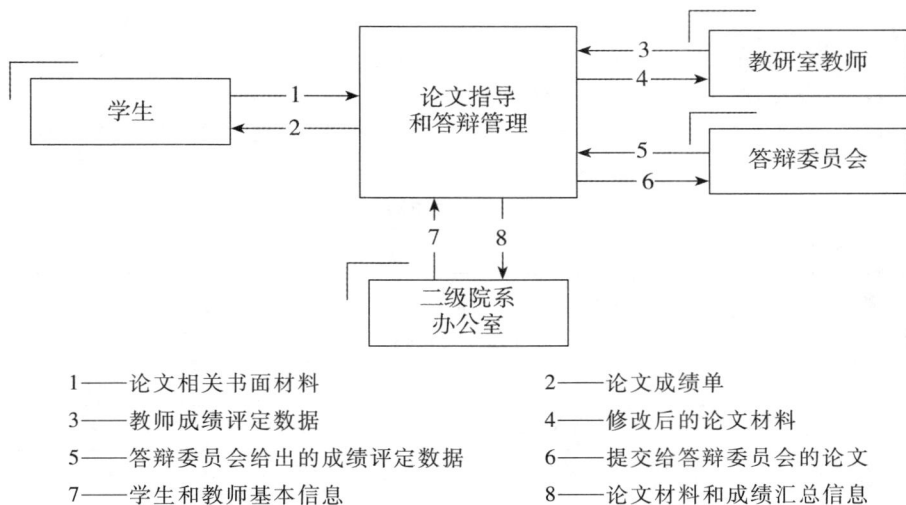

1——论文相关书面材料　　　　　　2——论文成绩单
3——教师成绩评定数据　　　　　　4——修改后的论文材料
5——答辩委员会给出的成绩评定数据　　6——提交给答辩委员会的论文
7——学生和教师基本信息　　　　　　8——论文材料和成绩汇总信息

图14-3　顶层数据流程图

在顶层数据流程图绘制的基础上，对内部数据流的流动和加工处理进行细化，得到第一层数据流程图如图14-4所示。

图14-4中的数据流1，2，…，8与图14-3中相应的数据流含义相同。

按照顶层数据流程到第一层数据流程的分解方式，可以对第一层的数据流程进行再度细化，得到第二层的数据流程图。依此类推，直至每一个处理逻辑都可由单独的程序段实现为止。由于篇幅有限，此处暂略。

（5）数据字典

①数据流字典

论文相关材料见表14-3。

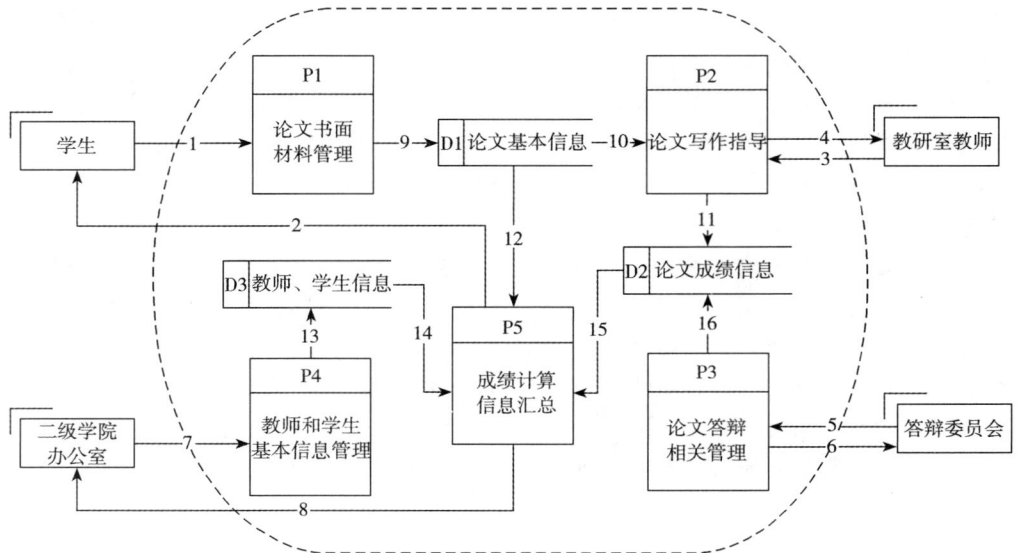

9——统一格式的论文信息　　　　10——进行写作指导需要的论文基本信息

11——指导教师按指标给出的成绩　12——信息汇总需要的论文基本信息

13——整理后的教师、学生信息　　14——信息汇总需要的教师、学生基本信息

15——成绩计算需要的基础数据　　16——整理后的答辩成绩

图 14-4　第一层数据流程图

表 14-3　　　　　　　　　　　　　　　论文相关材料

数据流名称	论文成绩材料	编号：1
简要说明	由学生按照论文写作计划在指定时间提交的论文有关信息	
数据结构	姓名（XM）　　　　　　　　　　　TEXT（10）	
	论文题目（LWTM）　　　　　　　　TEXT（50）	
	选题来源（XTLY）　　　　　　　　INT	
	论文属性（LWSX）　　　　　　　　INT	
	拟采取的研究方法（YJFF）　　　　INT	
	写作背景（XZBJ）　　　　　　　　备注	
	国内外研究情况综述（YJZS）　　　备注	
	研究特色和创新点（YJTS）　　　　备注	
	⋮　　　　　　　　　　　　　　　　⋮	
来源	学生	
去向	论文相关材料管理（P1）	
流量	2 000 份/学年	

教师成绩评定数据见表 14-4。

表 14-4　　　　　　　　　　　　　　**教师成绩评定数据**

数据流名称	教师成绩评定数据		编号：3
简要说明	指导教师根据各项指标打分，此分数将影响学生的最终论文成绩		
数据结构	姓名（XM）	TEXT（10）	
	导师（DS）	TEXT（10）	
	总分	INT	
	小项得分		
	写作过程	INT	
	成果质量	INT	
	⋮	⋮	
来源	指导教师		
去向	论文写作指导（P2）		
流量	2 000 份/学年		

教师、学生基本信息见表 14-5。

表 14-5　　　　　　　　　　　　　　**教师、学生基本信息**

数据流名称	教师、学生基本信息		编号：7
简要说明	记录教师和学生的基本信息以便及时联系，其中部分信息要上报		
数据结构	姓名（XM）	TEXT（10）	
	编号（BH）	TEXT（10）	
	电话（TEL）	TEXT（20）	
	邮箱（EMAIL）	TEXT（30）	
	⋮	⋮	
来源	二级院系		
去向	教师、学生基本信息管理（P4）		
流量	2 500 份/学年		

论文成绩汇总信息见表 14-6。

表 14-6　　　　　　　　　　　　　　**论文成绩汇总信息**

数据流名称	论文成绩汇总信息		编号：8
简要说明	将学生的论文成绩整理后制表，上报给教务处教学管理科		
数据结构	姓名（XM）	TEXT（10）	
	导师（DS）	TEXT（10）	
	论文题目（LWTM）	TEXT（50）	
	指导教师成绩	INT	
	答辩成绩	INT	
	综合成绩	INT	
	论文等级	INT	
来源	系统中整理得到的指导教师成绩和答辩成绩		
去向	二级学院，并由其上报给教务处教学管理科		
流量	100 份/学年		

其他数据流字典的描述省略。

②存储字典

论文基本信息见表 14-7。

表 14-7　　　　　　　　　　　　**论文基本信息**

存储文件名称	论文基本信息		编号：D1
简要说明	用来存储学生论文撰写各阶段需要提交的有关信息		
数据结构	姓名（XM）	TEXT（10）	
	导师（DS）	TEXT（10）	
	论文题目（LWTM）	TEXT（50）	
	选题来源（XTLY）	TEXT（1）	
	论文属性（LWSX）	TEXT（1）	
	拟采取的研究方法（YJFF）	TEXT（1）	
	写作背景（XZBJ）	备注	
	写作计划	备注	
	⋮	⋮	
流入的数据	9	流出的数据	10，12
涉及的处理	P2，P3，P5		
信息量	2 000 份/学年		

论文成绩信息见表 14-8。

表 14-8　　　　　　　　　　　　**论文成绩信息**

存储文件名称	论文成绩信息		编号：D2
简要说明	用来存储学生论文的综合成绩以及各项指标的详细得分		
数据结构	姓名（XM）	TEXT（10）	
	指导教师评分	INT	
	答辩委员评分	INT	
	答辩得分明细	INT	
	选题质量	INT	
	逻辑性	INT	
	能力水平	INT	
	成果质量	INT	
	答辩质量	INT	
	论文综合得分	INT	
流入的数据	11，16	流出的数据	15
涉及的处理	P1，P2，P5		
信息量	2 000 份/学年		

教师、学生信息见表 14-9。

表 14-9 **教师、学生信息**

存储文件名称	教师、学生信息		编号：D3
简要说明	用来存储教师、学生的基本信息，作为处理基础数据的一部分		
数据结构	姓名（XM）	TEXT（10）	
	编号（BH）	TEXT（10）	
	性别（XB）	TEXT（1）	
	电话（TEL）	TEXT（20）	
	邮箱（EMAIL）	TEXT（30）	
流入的数据	13	流出的数据	14
涉及的处理	P4，P5		
信息量	2 000 份/学年		

　　对于细化后得到的第二层数据流程图中的存储文件，也应按照上述方法进行描述。限于篇幅，此处省略。

　　③处理描述

　　论文书面材料管理见表 14-10。

表 14-10 **论文书面材料管理**

处理名称	论文书面材料管理	编号：P1
流入	论文相关书面材料（1）	
流出	统一格式的论文信息（9）	
处理	学生提交论文相关材料，本处理对这些材料进行统一整理，对不符合要求的地方进行修正，按照规定的格式存档	

　　论文写作指导见表 14-11。

表 14-11 **论文写作指导**

处理名称	论文写作指导	编号：P2
流入	进行写作指导需要的论文基本信息（10） 教师成绩评定数据（3）	
流出	修改后的论文材料（4） 指导教师按指标给出的成绩（11）	
处理	学生按照院系的要求，在论文不同阶段提交不同的研究成果，指导教师对这些成果进行审阅，提出修改意见；学生据此修改原稿，再次提交，如此反复进行，直至满意。最后由指导教师给出相应成绩	

　　论文答辩相关管理见表 14-12。

表 14-12   **论文答辩相关管理**

处理名称	论文答辩相关管理	编号：P3
流入	答辩委员会给出的成绩评定数据（5）	
流出	提交给答辩委员会的论文（6） 整理后的答辩成绩（16）	
处理	指导教师同意参加答辩的学生方可参加答辩。学生将论文最终成果提交给答辩委员会审核，回答答辩委员会提出的问题。答辩委员会根据学生论文成果质量及答辩过程的表现按指标给出分数	

教师和学生基本信息管理见表 14-13。

表 14-13   **教师和学生基本信息管理**

处理名称	教师和学生基本信息管理	编号：P4
流入	学生和教师基本信息（7）	
流出	整理后的教师、学生信息（13）	
处理	从系统外部导入本年度论文指导和答辩有关的教师和学生信息，以保证信息的一致性。对导入的信息进行适当的处理，使其更加符合论文指导和答辩管理的要求	

成绩计算和信息汇总见表 14-14。

表 14-14   **成绩计算和信息汇总**

处理名称	成绩计算和信息汇总	编号：P5
流入	信息汇总需要的论文基本信息（12） 信息汇总需要的教师、学生基本信息（14） 成绩计算需要的基础数据（15）	
流出	论文成绩单（2） 论文材料和成绩汇总信息（8）	
处理	整理相关的存储文件，从中提取出信息进行计算、汇总，在指定期限内填写统一格式的报表，报送相关上级部门	

同理，第二层数据流程图中的处理过程也需要按照上述方法进行描述，不再赘述。

（6）对现行系统的评价

通过前面的分析，我们对现行系统有了比较全面的了解。现行系统的数据流向是合理的，但为了便于计算机管理，也为了使系统能够更好地为教师和学生服务，欲从如下方面对本系统进行改进：

①建立一个师生交流的平台，实现方便、快捷、有效的沟通。

②提供及时、准确的查询服务。

③增强管理控制功能，避免人为因素的干扰。

（7）新系统逻辑模型的提出

根据前面的分析结果，我们需要对原始的数据流程图进行修改，在教师和学生之间增加一个互动留言平台，同时增加系统开放控制模块，用来控制不同阶段各角色能够进行的操作。修改后的数据流程图如图 14-5 所示。

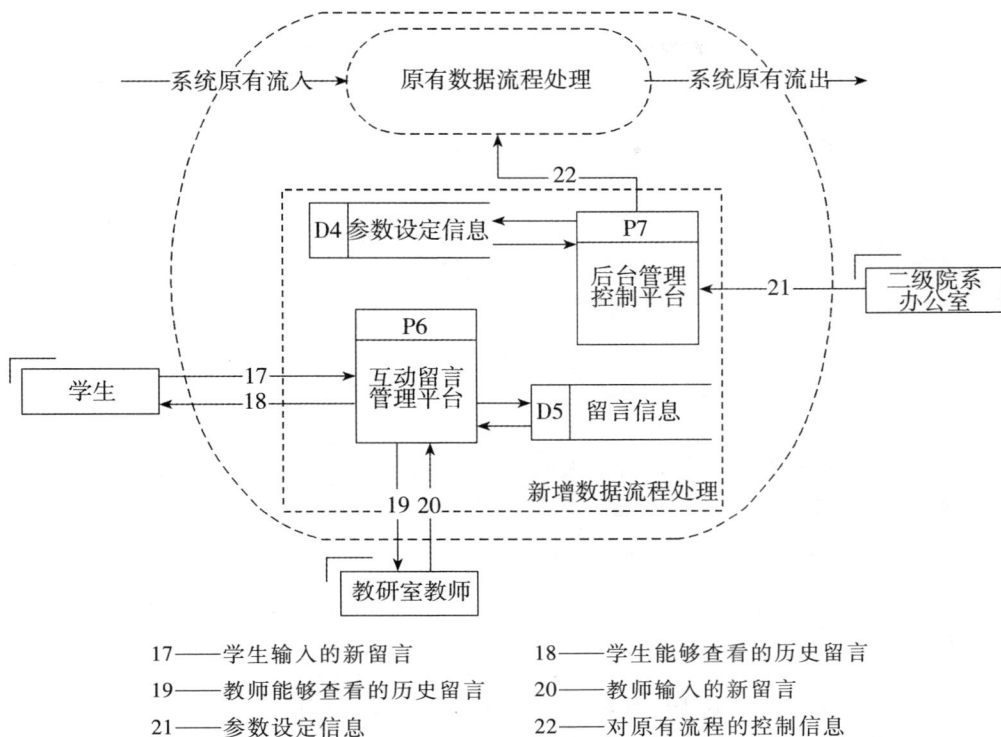

17——学生输入的新留言　　　　18——学生能够查看的历史留言
19——教师能够查看的历史留言　　20——教师输入的新留言
21——参数设定信息　　　　　　22——对原有流程的控制信息

图 14-5　修改后的数据流程图

（8）系统边界

输入边界：教师、学生基本信息，论文相关材料，成绩评定单。

输出边界：各种表格和查询相应输出。

3. 系统设计

（1）系统目标设计

根据上述分析，我们得出系统应该具备的功能如下：

①登录验证功能

● 用户经过登录验证后，才能使用此论文指导系统。

● 登录验证能对用户类别进行判定，允许用户在自己权限范围内进行相关操作。

②学生功能

● 互动留言。学生可以创建新的留言，也可以对自己创建的留言进行修改和删除操作；学生可以看到指导教师写给自己的留言。

● 个人信息填写，主要是个人联系方式信息的填写。

● 个人密码修改。

- 导师信息查看。可以查看导师的联系方式。
- 导师意见查看。可以查看导师基于学生论文的实际写作情况给出的指导意见。
- 开题报告填写，包括论文的题目、选题目的和意义、主要功能、研究特色和创新、参考文献、写作计划等。
- 初稿上传。
- 二稿上传。
- 定稿上传。
- 个人成绩查询。

③教师功能

- 互动留言。教师可以创建新的留言，也可以对自己创建的留言进行修改和删除操作；教师可以看到学生写给自己的留言。
- 个人信息填写，主要是个人联系方式信息的填写。
- 个人密码修改。
- 学生信息查看。可以查看学生的联系方式。
- 开题报告查看，包括查看学生论文的题目、选题目的和意义、主要功能、研究特色和创新、参考文献、写作计划等。
- 初稿下载。
- 二稿下载。
- 定稿下载。
- 导师意见填写。基于学生论文的实际写作情况给出指导意见。
- 论文成绩评定。为学生的论文打分。

④导员管理功能

- 个人密码修改。
- 学生密码重置。对于忘记密码的学生，将其密码重新设置为初始密码。

⑤教学秘书管理功能

- 个人密码修改。
- 教师密码重置。对于忘记密码的教师，将其密码重新设置为初始密码。
- 参数设置。可以在不同的时间对学生功能进行相关控制——可以开放和关闭相应模块的填写功能。
- 公告管理。实现对公告的添加、删除和修改功能。
- 教师指导人数限额录入。
- 导师信息汇总。综合显示教师姓名、指导的学生姓名、论文题目以及论文属性的汇总信息。
- 学生答辩成绩录入。
- 开题报告打印。以统一的格式显示每一位学生的开题报告信息，随时打印。

（2）系统功能结构设计

为了满足新的需求，综合考虑系统目标的要求，设计出新系统功能结构图。新系统功能结构图如图 14-6 所示。

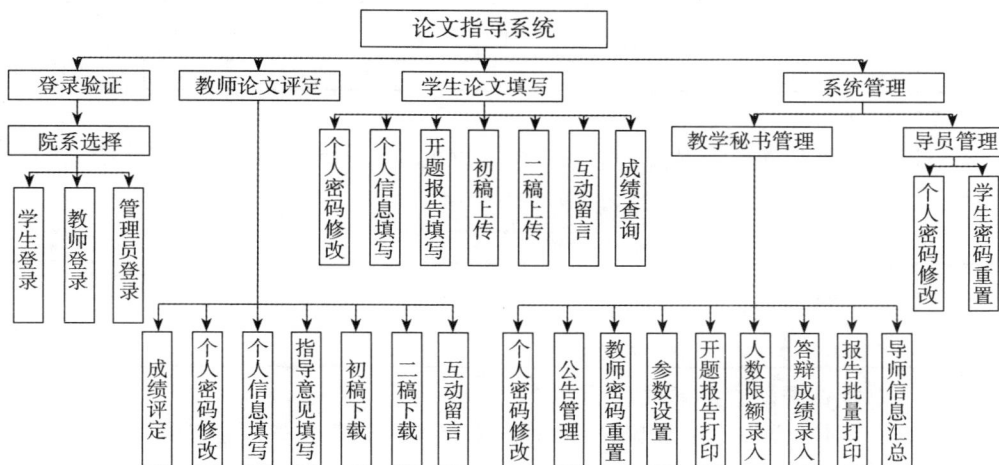

图 14-6　新系统功能结构图

（3）代码设计

①学院代码、学生代码、教师代码设计

这些相关数据由系统外部相关部门提供，直接导入本系统中。所以，代码无须重新设计，遵循原有规则。

②题目来源代码设计

学校统一规定的论文题目来源有"选题指南中的题目"和"学生自行确定的题目"。考虑到题目来源的种类不会超过 10 种，所以采用 1 位数字进行表示。具体的代码见表 14-15。

表 14-15　　　　　　　　　　　　题目来源代码表

代码	题目来源	代码	题目来源
1	选题指南中的题目	2	学生自行确定的题目

③论文属性代码设计

学校统一规定的论文属性来源有 5 种，具体分为"科学研究""调查报告""学术思想综述""应用方案设计""其他来源"。采用 1 位数字进行表示，编码见表 14-16。

表 14-16　　　　　　　　　　　　论文属性代码表

代码	论文属性	代码	论文属性
1	科学研究	4	应用方案设计
2	调查报告	5	其他来源
3	学术思想综述		

④研究方法代码设计

学校统一规定的研究方法来源有 4 种，具体分为"规范研究""实证研究""现场调查""其他研究方法"。采用 1 位数字进行表示，编码见表 14-17。

表 14-17　　　　　　　　　　　研究方法代码表

代码	研究方法	代码	研究方法
1	规范研究	3	现场调查
2	实证研究	4	其他

⑤审核状态代码设计

根据实际情况分析，审核状态一般包括以下 3 种类别，即"通过""不通过""待定"。采用 1 位数字进行表示，编码见表 14-18。

表 14-18　　　　　　　　　　　审核状态代码表

代码	审核状态	代码	审核状态
1	通过	3	待定
2	不通过		

（4）系统物理配置方案设计

本系统基本配置如下：JSWDK 和 Tomcat 环境。计算机安装在教务处服务器。

（5）输出设计

本系统设计输出的报表如下：

①论文开题报告（见表 14-19）。

表 14-19　　　　　　　　　　　论文开题报告

学生姓名		导师姓名	
学生选题			
选题来源			
论文（设计）属性		拟采取的研究方法	
学生手机		学生宿舍电话	
学生电子邮箱			
导师手机		导师手机	
导师电子邮箱			

选题主要目的和意义

导师具体意见

系统主要功能

导师具体意见

研究特色和创新

导师具体意见

指导教师签字：＿＿＿＿＿

年　　　月　　　日

②指导信息汇总表（见表 14-20）。

表 14-20　　　　　　　　　　　　　指导信息汇总表

院系名称：信息工程学院　　　　　　　　　　　　　　　　制表时间：20××-05-28

指导教师人数：30 人　　　　　　　　　　　　　　　　　　答辩人数：100 人

导师姓名	学生姓名	论文题目	论文属性
王永艳	刘华	个人网站设计	应用方案设计
	郑明	物资管理信息系统的开发与设计	应用方案设计
郭丽姝	孙福建	基于 VB 技术的企业考勤管理系统	科学研究
	王志宏	医院工资管理系统的开发与设计	应用方案设计
张伟	李世勇	高校课程管理系统	应用方案设计
⋮	⋮	⋮	⋮

③论文成绩汇总表（见表 14-21）。

表 14-21　　　　　　　　　　　　　论文成绩汇总表

院系名称：信息工程学院　　　　　　　　　　　　　　　　制表时间：20××-05-30

答辩人数：100 人　　　　　　　　　　　　　　　　　　　通过人数：95 人

学号	姓名	导师	论文题目	导师评分	答辩成绩	总成绩	等级
0310001	林扬	孙立	网吧管理系统分析与设计	77	83	81	良
0310002	吴佳	李明	人力资源管理系统的设计	95	82	86	良
0310003	胡广	孙立	宾馆管理系统设计与实施	71	76	75	中
0310004	张华	李明	商品销售系统设计与实施	91	91	91	优
0310005	林扬	程亮	网吧管理系统分析与设计	77	83	81	良
⋮	⋮	⋮	⋮	⋮	⋮	⋮	⋮

优秀：5 人　　　良好：20 人　　　中等：40 人　　　合格：30　　　不合格：5 人

（6）数据库设计

本系统为每一个院系配备一个数据库，每个数据库中都包含 8 个数据库表。

①数据表名称及作用设计

数据表名称及作用见表 14-22。

表 14-22　　　　　　　　　　　　　数据库设计

序号	数据表名称	作用
1	login	用户登录信息表，记录用户名、密码、权限等信息
2	student	学生信息表，记录学生的基本信息
3	teacher	教师信息表，记录教师的基本信息
4	thesis	开题报告信息表，记录论文基本信息
5	score	论文成绩信息表，记录论文成绩信息
6	memo	留言信息表，记录师生留言信息
7	notice	公告信息表，记录公告信息
8	parameter	参数信息表，记录管理员设定的参数信息

②各个数据表文件结构设计

本系统建立 8 个表，即用户登录信息表、学生信息表、教师信息表、开题报告信息表、论文成绩信息表、留言信息表、公告信息表和参数信息表。每张表对应的结构见表 14-23 至表 14-30。

表 14-23　　　　　　　　　　　　用户登录信息表

序号	字段名称	字段说明	字段类型	字段长度	备注
1	yhm	用户名	text	20	
2	xm	真实姓名	text	10	
3	mm	密码	text	20	
4	lb	类别	text	1	

表 14-24　　　　　　　　　　　　学生信息表

序号	字段名称	字段说明	字段类型	字段长度	备注
1	xh	学号	text	10	
2	sj	手机	text	15	
3	dh	电话	text	15	
4	email	电子邮件	text	20	

表 14-25　　　　　　　　　　　　教师信息表

序号	字段名称	字段说明	字段类型	字段长度	备注
1	bh	编号	text	10	
2	xm	姓名	text	10	
3	sj	手机	text	15	
4	dh	电话	text	15	
5	email	电子邮件	text	20	
6	zdrs	指导人数	int	—	

表 14-26　　　　　　　　　　　　开题报告信息表

序号	字段名称	字段说明	字段类型	字段长度	备注
1	xh	学号	text	10	
2	ds	导师	text	10	
3	lwtm	论文题目	text	1	
4	tmly	题目来源	text	1	
5	lwsx	论文属性	text	1	
6	qtsx	其他属性	text	100	
7	yjff	研究方法	text	1	
8	qtff	其他方法	text	100	
9	mdyy	目的和意义	备注	—	字数不限
10	xgbj	修改标记	是/否	—	
11	dsyj	导师意见	备注	—	字数不限
⋮	⋮	⋮	⋮	⋮	

表 14−27 论文成绩信息表

序号	字段名称	字段说明	字段类型	字段长度	备注
1	xh	学号	text	10	
2	zb1	指标一	int	—	
3	zb2	指标二	int	—	
4	zb3	指标三	int	—	
5	zb4	指标四	int	—	
6	zb5	指标五	int	—	
7	zf	总分	int	—	
8	dbdf	答辩得分	int	—	
9	zhdf	综合得分	int	—	
⋮	⋮	⋮	⋮	⋮	

表 14−28 留言信息表

序号	字段名称	字段说明	字段类型	字段长度	备注
1	id	留言标识	自动编号	—	
2	xh	学号	text	10	
3	ds	导师	text	10	
4	lyzt	留言主题	text	50	
5	lynr	留言内容	备注	—	字数不限
6	lysj	留言时间	日期/时间	—	

表 14−29 公告信息表

序号	字段名称	字段说明	字段类型	字段长度	备注
1	id	公告标识	自动编号	—	
2	ggnr	公告内容	备注	—	字数不限
3	ggsj	公告时间	日期/时间	—	

表 14−30 参数信息表

序号	字段名称	字段说明	字段类型	字段长度	备注
1	id	标识	自动编号	—	
2	grxx	个人信息	是/否	—	控制标记
3	dsxx	导师信息	是/否	—	控制标记
4	lwtm	论文题目	是/否	—	控制标记
5	mdyy	目的意义	是/否	—	控制标记
6	zygn	主要功能	是/否	—	控制标记
7	yjts	研究特色	是/否	—	控制标记
8	ckwx	参考文献	是/否	—	控制标记
9	xzjh	写作计划	是/否	—	控制标记
10	lwdg	论文大纲	是/否	—	控制标记
11	cg	初稿	是/否	—	控制标记
12	eg	二稿	是/否	—	控制标记
13	dg	定稿	是/否	—	控制标记

（7）界面设计

本系统采用框架结构，以链接方式打开相应界面（系统初始界面如图 14−7 所示），通过按钮保存或修改信息。通过控件输入信息，以表格形式显示信息。

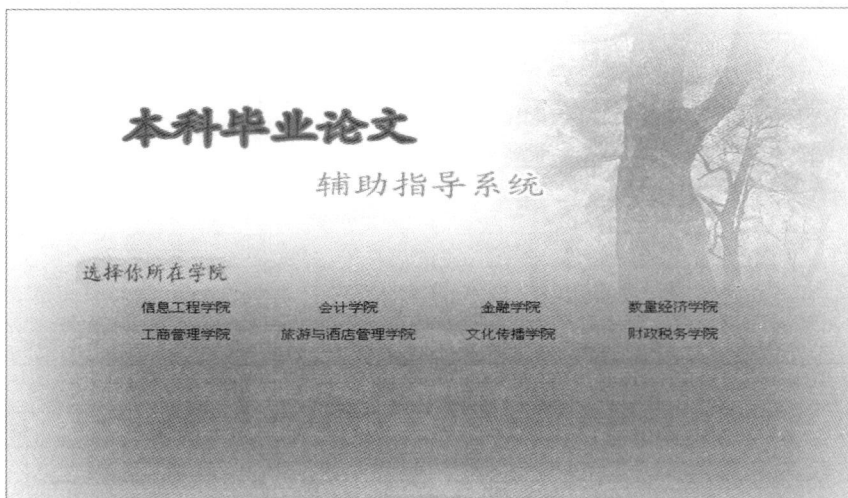

图 14-7 系统初始界面

①输入信息控件

- 文本框：用于输入没有取值限制的信息，如论文写作目的。
- 组合框：用于输入有取值限制的信息，如论文选题来源。
- 单选按钮：用于选择相互排斥的信息，如论文审核状态。
- 复选按钮：用于选择不相互排斥的信息，如选择多个学生的论文进行批量打印（参见图 14-8 中的复选按钮）。

图 14-8 开题报告批量打印界面

● 日历控件：用于输入日期/时间型数据，如教师设定大纲提交时间（如图 14-9 所示）。

图 14-9　日历控件

②命令按钮

● 登录：用户登录系统是使用（如图 14-10 中的登录按钮）。

● 取消：可以单击此按钮取消登录（如图 14-10 中的取消按钮）。

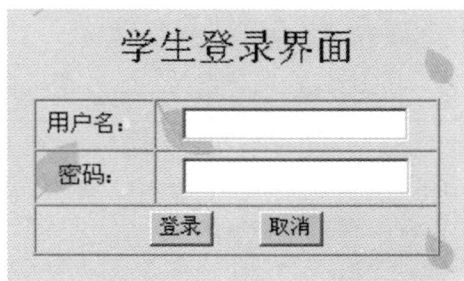

图 14-10　学生登录界面

● 保存：单击此按钮，系统保存用户输入的相关信息。

● 重置：在未重新保存数据前，用户可以随时将改过的信息恢复为上一次保存过的信息。

限于篇幅，其他图示省略。

以上属于系统概要设计的内容。系统设计包含的另一部分是详细设计，将在下面进行介绍。

（8）详细设计

这里只对部分主要功能页面的设计进行描述（其他部分请参照实际系统）。

①互动留言页面设计

进入互动留言界面，直接显示历史留言信息。对于学生而言，他所能看到的是自己的历史留言，以及指导教师写给自己的留言；对于指导教师而言，他所能看到的是自己的历史留言，以及当前指导的学生写给自己的留言。无论是指导教师还是学生，都可以添加新留言，但只能对自己的历史留言进行修改和删除。

互动留言页面的流程图如图 14-11 所示。

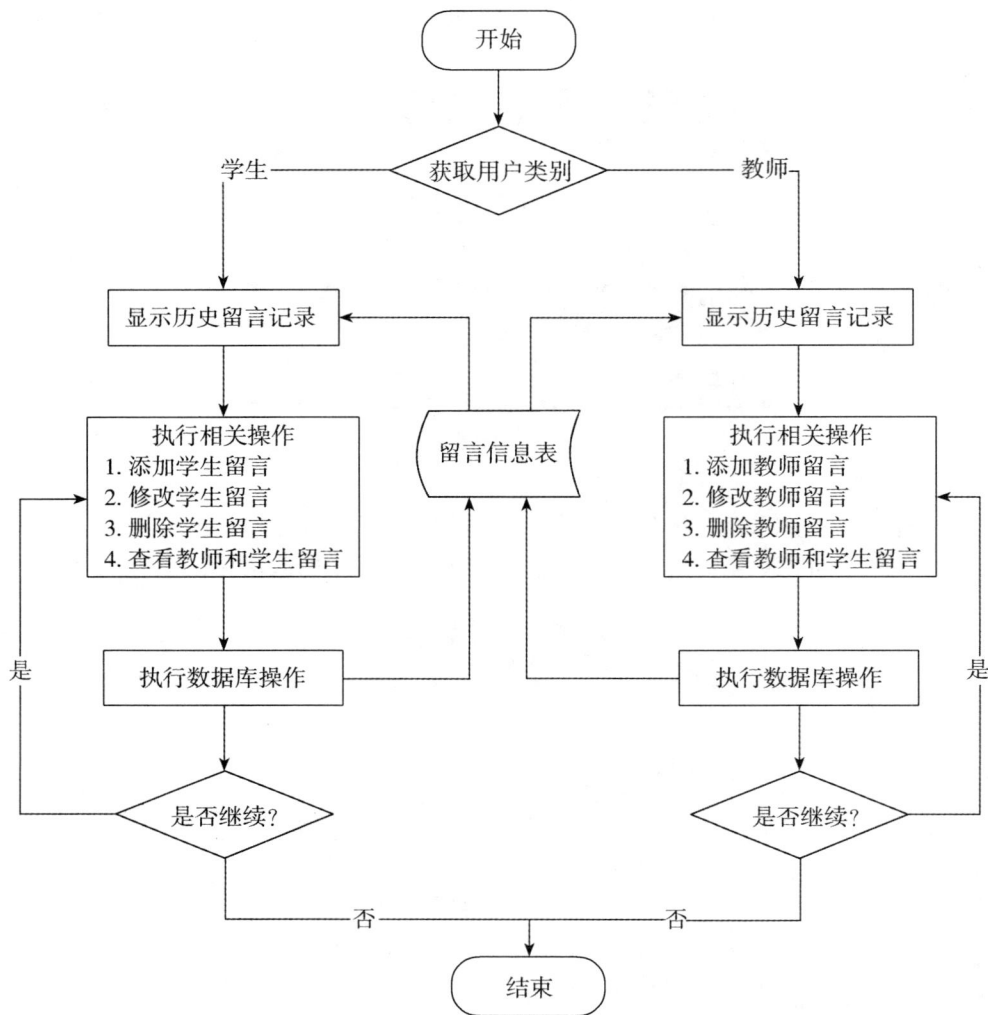

图 14-11 互动留言页面流程图

②答辩成绩录入页面设计

只有教学秘书可以进入答辩成绩录入页面。答辩成绩录入页面以表格的形式列出了所有学生的姓名，每个姓名都是一个链接，教学秘书可以单击链接进入指定学生的成绩录入页面，也可以通过在特定区域内输入学生学号的方式查找进入学生成绩录入页面。然后，录入该学生各项成绩，系统会自动计算出最终答辩成绩。确认录入无误后，点击"保存"按钮进行保存。如果想要修改，可以重复上述步骤，新保存的数据将覆盖原来的记录。

答辩成绩录入页面的流程图如图 14-12 所示。

③开题报告打印页面设计

只有教学秘书可以进入开题报告打印页面。开题报告打印页面以表格的形式列

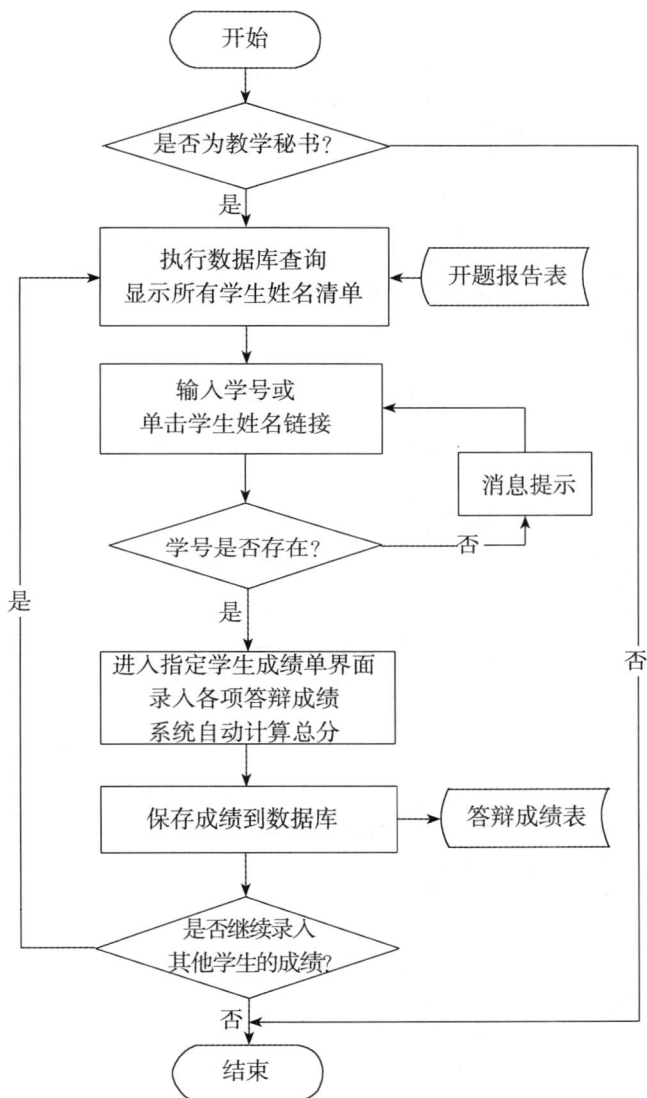

图 14-12　答辩成绩录入页面流程图

出了所有学生的姓名，每个姓名都是一个链接，教学秘书可以单击链接进入指定学生的开题报告打印页面，也可以通过在特定区域内输入学生学号的方式查找进入开题报告打印页面。系统会自动按照统一格式显示所有开题报告信息，如论文题目、写作目的、研究特色、导师意见等。

　　开题报告打印页面的流程图如图 14-13 所示。

　　至此，系统设计阶段的基本工作已经完成。此处，我们仅仅选取了其中的关键内容进行概述。要注意的是，系统设计说明书是系统设计阶段的产物，编写系统设计说明书将为后续系统开发工作从技术和指导思想上提供必要的保证，它应能全

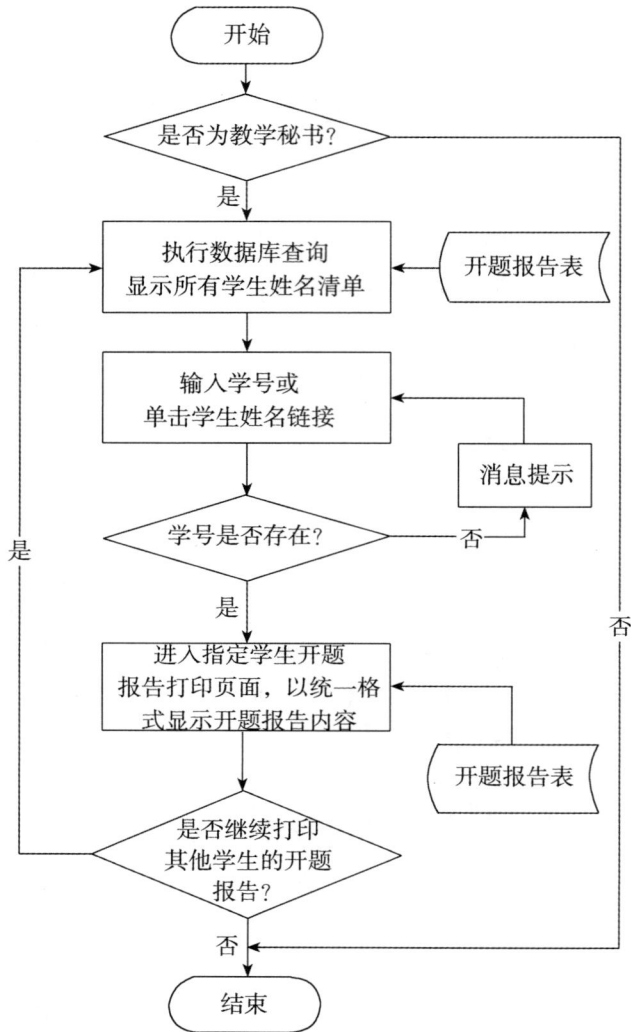

图 14-13   开题报告打印页面流程图

面、清晰和准确地阐明系统在实施过程中需要具体采用的手段、方法和技术标准，以及相应的环境要求。关于系统设计说明书的内容请参照有关书籍。

4. 系统实施

（1）程序设计

根据系统设计阶段的详细设计部分提出的设计思路进行编程。这里选取 login. jsp 的源程序作示范说明。

login. jsp 程序代码

<% @ page contentType = " text/html；charset = gb2312" import = " java. sql. * " language = " java" % >

<html>

```
<head><title>登录</title></head>
<body background = "pic\bg. gif" >
    <%
    String name = request. getParameter("username") ;
    String code = request. getParameter("password") ;
    //out. println(name+code) ;
    String type = "" ;
    String zsxm = "" ;
    String spath = "database\\" +session. getAttribute("collage")+". mdb" ;
    String dbpath = application. getRealPath(spath) ; //转化成物理路径
    String url = "jdbc:odbc:Driver={Microsoft Access Driver (*. mdb)};DBQ=" +dbpath ;
    Class. forName("sun. jdbc. odbc. JdbcOdbcDriver") ; //建立连接
    Connection con = DriverManager. getConnection(url) ;
    Statement stmt = con. createStatement() ;
    String sql = "select * from login where yhm='" +name+"' and mm='" +code+"'" ;
    ResultSet jg = stmt. executeQuery(sql) ;
    if( jg. next()){
            type = jg. getString("lb") ;
            zsxm = jg. getString("xm") ;
            session. setAttribute("password" ,code) ;
            session. setAttribute("xm" ,zsxm) ;
    if( type. equals("s")){
            session. setAttribute("username" ,name) ;
%>
<script language = "javascript" >
    window. open("student/title. jsp" ,"banner") ;
    open("student/dh. jsp" ,"contents") ;
    open("initial. jsp" ,"main") ;
</script>
<%  }
    else if( type. equals("t")){
            session. setAttribute("dsusername" ,name) ;
%>
<script language = "javascript" >
    open("zdxs. jsp" ,"_self") ;
</script>
<%
```

```
    }
        else if( type. equals( "d") )
    {
        session. setAttribute( "username" ,name) ;
%>
<script language = "javascript" >
        window. open( "gly/welcome. htm" ,"banner") ;


        open( "initial. jsp" ,"main") ;
        open( "gly/d_dh. htm" ,"contents") ;
</script>
<%
    }
        else if( type. equals( "m") )
    {
        session. setAttribute( "username" ,name) ;
%>
<script language = "javascript" >
        window. open( "gly/welcome. htm" ,"banner") ;
        open( "initial. jsp" ,"main") ;
        open( "gly/m_dh. htm" ,"contents") ;
</script>
<%
    }
    }
        else   {
                out. println( "对不起,你输入的用户名或密码错误!") ;
                out. println( "<br><br><a href = 'login. htm'>返回</a>") ;
            }
        jg. close( ) ;
        stmt. close( ) ;
        con. close( ) ;
%>
</body></html>
```

cjhz. jsp 程序代码

```
<% @  page contentType = " text/html; charset = gb2312"  import = " java. sql. * "
language = " java" % >
```

```
<html>
<head>
<title>成绩汇总汇总</title>
<link href="lwzd. css" rel="stylesheet" type="text/css">
</head>
<body background="..\pic\bg. gif">
<div align="center">
<font size="5"><b>成绩汇总表</b></font>
<table cellspacing="0" border="1">
<tr align="center">
<td height="30">学号</td><td>姓名</td><td>导师</td><td>论文题目</td>
<td>导师评分</td><td>答辩成绩</td><td>总成绩</td><td>等级</td>
</tr>
<%
   String xh="";          //学号
   String xsxm="";        //学生姓名
   String dsxm="";        //导师姓名
   String ds="";          //导师编号
   String lwtm="";        //论文题目
   String dj="";          //论文等级
   int dscj=0;            //导师成绩
   int dbcj=0;            //答辩成绩
   int cj=0;              //总成绩
   ResultSet jg1=null;
   Connection con1;
   Statement stmt1;

   String spath="database\\"+session. getAttribute("collage")+". mdb";
   String dbpath = application. getRealPath(spath); //转化成物理路径
   String url ="jdbc:odbc:Driver={Microsoft Access Driver (*. mdb)};DBQ="+
dbpath;
   Class. forName("sun. jdbc. odbc. JdbcOdbcDriver"); //建立连接
   Connection con= DriverManager. getConnection(url);
   Statement stmt = con. createStatement();
   String sql ="select xm, xh, ds, xdtm, cj6 from ktbg, login where ktbg. xh =
login. yhm order by xh";
   ResultSet jg = stmt. executeQuery(sql);
```

```
while( jg. next( ) )
{
    xh = jg. getString( "xh" ) ;
    if( xh. equals( "zlp" ) ) continue ;
    xsxm = jg. getString( "xm" ) ;
    ds = jg. getString( "ds" ) ;
    lwtm = jg. getString( "xdtm" ) ;
    dscj = Integer. parseInt( jg. getString( "cj6" ) ) ;
    sql = " select xm from dsxx where ds = "" +ds+"" ;
    con1 = DriverManager. getConnection( url ) ;
    stmt1 = con1. createStatement( ) ;
    jg1 = stmt1. executeQuery( sql ) ;
    while( jg1. next( ) )
    { dsxm = jg1. getString( "xm" ) ; }
    sql = " select cj4 from dbcj where xh = "" +xh+"" ;
    jg1 = stmt1. executeQuery( sql ) ;
    while( jg1. next( ) )
    { dbcj = Integer. parseInt( jg1. getString( "cj4" ) ) ; }
    jg1. close( ) ;
    stmt1. close( ) ;
    con1. close( ) ;
    cj = ( int ) ( dscj * 0. 3+dbcj * 0. 7+0. 5 ) ;
    if( cj<60 ) dj = " 不合格 " ;
    else if( cj<70 ) dj = " 合格 " ;
    else if( cj<80 ) dj = " 中 " ;
    else if( cj<90 ) dj = " 良 " ;
    else dj = " 优 " ;
%>
<tr
align = " center " ><td><% = xh% ></td><td><% = xsxm% ></td><td><% = dsxm% >
</td><td><% = lwtm% ></td><td><% = dscj% ></td><td><% = dbcj% ></td><td>
<% = cj% ></td><td><% = dj% ></td></tr>
<%   }
        jg. close( ) ;
        stmt. close( ) ;
        con. close( ) ;
%>
```

```
</table>
</div>
</body>
</html>
```

（2）系统测试

略。

（3）系统转换

略。

5. 系统运行和维护

系统运行和维护过程是整个系统开发过程中持续时间最长的阶段，也是必须给予高度重视的部分。在系统投入使用的过程中，会发现系统测试阶段未发现编码的错误。同时，用户的需求也会发生变化，因此必须根据实际需要对系统进行适当修改、扩充。

主要参考文献

［1］滕佳东．管理信息系统［M］．2版．大连：东北财经大学出版社，2013.

［2］邓晓红．管理信息系统实验指导与课程设计［M］．北京：机械工业出版社，2006.

［3］钟雁．管理信息系统开发案例分析［M］．北京：清华大学出版社、北京交通大学出版社，2006.

［4］于繁华．Access基础教程［M］．北京：中国水利水电出版社，2004.

［5］龚中华．用友ERP培训教程［M］．北京：人民邮电出版社，2007.